经济管理教学与发展探索

德新玲　孙金曼◎著

中国出版集团　现代出版社

图书在版编目（CIP）数据

经济管理教学与发展探索 / 德新玲，孙金曼著. 一
北京：现代出版社，2024.2
ISBN 978-7-5231-0782-9

Ⅰ．①经… Ⅱ．①德… ②孙… Ⅲ．①经济管理—教
学研究 Ⅳ．①F2-4

中国国家版本馆CIP数据核字 (2024) 第051426号

著　　者	德新玲　孙金曼	
责任编辑	袁　涛	

出 版 人	乔先彪	
出版发行	现代出版社	
地　　址	北京市安定门外安华里504号	
邮政编码	100011	
电　　话	(010) 64267325	
传　　真	(010) 64245264	
网　　址	www.1980xd.com	
印　　刷	三河市九洲财鑫印刷有限公司	
开　　本	787mm×1092mm　1/16	
印　　张	11.25	
字　　数	213千字	
版　　次	2025年2月第1版　2025年2月第1次印刷	
书　　号	ISBN 978-7-5231-0782-9	
定　　价	78.00元	

前　言

时代的快速发展，使经济管理专业人才培养受到了更多的关注。为了确保人才的高质量发展，高校需要进一步提高教学质量，以满足社会的需求，推动我国经济的持续发展。

基于此，本书围绕经济管理教学与发展展开研究，首先阐述经济管理的教学基础，内容包括经济组织与经济活动、管理学的基本原理、经济管理专业的学科介绍、教学与教学理论诠释；其次研究经济管理教学课程建设，内容涉及经济管理中的通识教育类课程建设、基于任务驱动的经管类数据库课程建设、经济管理中的学科基础类课程建设、经济管理中的专业实践课程建设、经济管理中精品课程建设的思考、课程体系数智化升级与方法创新；再次探讨经济管理教学模式，内容涵盖行动导向教学模式及应用、计算机模拟实践教学及其发展，"教、学、做"一体化教学模式的实践，校企合作模式下的经济管理教学；接着探讨经济管理学生素质教育及能力提升，内容包括经济管理学生素质教育工作、经济管理学生的就业问题与指导、经济管理学生创新创业教育的开展、经济管理学生实践能力提升的思考；然后研究经济管理应用型人才培养，内容涉及应用型人才培养的基本理论、应用型经济管理专业人才培养路径、应用型人才培养质量保障体系构建、实践教学与经济管理专业人才培养；最后探索经济管理教学机制与质量提升，内容涵盖经济管理的教学—科研互动机制、"双师型"教师队伍建设研究、经济管理类课程教学质量的提升。

本书在内容布局、逻辑结构、理论创新诸方面都有独到之处。本书可供广大经济管理教学与发展相关从业人员、院校师生与知识爱好者阅读使用，具有一定的参考价值。

笔者在书写本书的过程中，得到了许多专家、学者的帮助和指导，在此表示诚挚的谢意。由于笔者水平有限，加之时间仓促，书中可能存在疏漏，希望各位读者多提宝贵的意见，以便笔者进一步修改，使之更加完善。

目 录

第一章　经济管理的教学基础

第一节　经济组织与经济活动

一、经济组织

经济组织是指家庭、企业、公司这按一定方式组织生产要素进行生产、经营活动的单位是一定的社会集团为了保证经济循环系统的正常运行，通过权责分配和相应层次结构所构成的一个完整的有机整体。

（一）经济组织的含义

第一，经济组织通常是为了实现某种经济目标而建立的。商业企业，例如，旨在营利，它们生产和销售产品或提供服务，以获取利润。政府机构则可能旨在提供公共服务，维护法律和秩序，以及管理国家经济，而非营利组织通常专注于满足特定社会或人道性的需求，而不是谋求经济利润。

第二，经济组织通常以一定的组织结构和管理体系来运营。这些结构可以是层级化的，例如在大型企业和政府机构中，或者是更分散的，如合作社和小型企业。管理体系包括各种规章制度、决策程序和职责分工，以确保资源得以有效分配和利用。

第三，经济组织涉及资源的配置和分配。无论是人力资源、资金、物质资源还是信息，这些组织都需要决策来分配这些资源，以实现其经济目标。在市场经济中，商业企业通常通过市场机制来配置资源，而政府机构和非营利组织则可能会依赖政府拨款、捐赠或其他形式的资源分配。

第四，经济组织在社会经济系统中的相互作用。它们之间通常存在竞争、协作和相互依赖的关系。竞争在市场经济中尤为明显，企业竞相争夺市场份额和利润，但它也可以在政府机构和非营利组织之间发生，例如争夺政府拨款或慈善捐赠。另外，协作也很常见，特别是在跨国公司、国际组织和政府之间，以解决全球性的经济和社会问题。

第五，经济组织在塑造社会和经济发展方面发挥着关键作用。它们可以影响就业机会、创新、资源利用效率、财富分配以及社会福祉。政府机构通过政策制定和监管来引导经济，非营利组织通过社会服务和慈善工作来改善社区，商业企业则在创造就业机会和提供产品和服务方面发挥着关键作用。

（二）经济组织的特点

第一，集中性。集中性指的是一些大型经济组织在市场中的主导地位，它们通过规模经济、市场份额和影响力来影响市场和其他组织的行为。这种集中性可能导致市场力量的不平衡，因此，监管机构通常会对此进行监管，以防止市场垄断和滥用权力。

第二，合规性。合规性是指经济组织必须遵守法律法规以及行业内的规章制度，确保组织的合法性和公正性。合规性是建立和维护信任的关键因素，它保护组织的声誉和公信力。通过遵守法律和规定，经济组织能够赢得成员和市场的信任，从而获得更多的支持和合作机会。

第三，竞争性。竞争推动创新和效率提升，促使组织不断改进产品和服务，以满足市场需求。竞争性在经济组织之间形成一种动力，推动整个经济系统的进步和发展。

第四，合作性。尽管存在竞争，但经济组织也意识到合作的重要性。通过合作，它们可以共享资源、知识、技术和市场机会，从而提高效率、降低成本、增强竞争力。合作的形式多种多样，包括行业协会、战略联盟、合资企业等。

第五，自主性。自主性是经济组织的另一个显著特点。这意味着经济组织在法律和道德框架内，有权自主决定自己的目标、策略、结构和运作方式。这种自主性使得经济组织能够灵活地适应变化的环境，同时也鼓励组织间的竞争和创新。

第六，独立性。独立性是经济组织的第三个特点。经济组织独立于政府或其他权力机构，它们的目标和运作方式通常不受外部干预。这种独立性有助于保证经济组织的自主性和公正性，使得它们能够更好地代表成员的利益和需求。

第七，多样性。多样性是经济组织的一个重要特点。经济组织涵盖各种形式和类型，包括公司、合作社、协会、基金会等。这些组织在目的、功能、结构、运作方式等方面存在差异，展示丰富的多样性。每个经济组织都有其独特的优势和局限性，这使得它们在不同的经济环境中具有不同的适应性。

二、经济活动

（一）经济活动的含义

经济活动是指人们在社会中为了满足自身和社会需求而进行的各种生产、分配和消费行为。"经济活动分析，是现代企业进行科学管理的重要手段，是实施企业精细化管理的重要措施，在企业经营管理过程中起着举足轻重的作用。"[①] 这些活动构成了一个国家或地区的经济体系的基础，对于社会的发展和繁荣至关重要。经济活动包括了广泛的领域，从个体的购物行为到全球贸易和产业发展，都属于这个范畴。

第一，生产是经济活动的核心之一。生产包括制造产品、提供服务以及创造价值的一系列过程。从农民耕种土地，工厂生产商品，到专业人士提供各种服务，所有这些都是为了满足人们的需求和欲望。生产活动不仅创造了物质财富，还提供了就业机会，促进了技术创新和社会进步。

第二，分配是经济活动的另一个关键方面。分配涉及将经济资源分配给不同的个人、家庭和企业。这包括工资、红利、股息、利息等方式，确保资源的公平分配和社会正义。政府在这一领域发挥着重要作用，通过税收政策和福利计划来调整分配，以减轻贫富差距和社会不平等。

第三，消费是经济活动的重要组成部分。消费是人们购买和使用产品和服务的过程。它反映人们的需求、欲望和生活方式。消费对经济增长至关重要，因为它刺激生产和就业。然而，过度消费可能导致资源浪费和环境问题，因此可持续的消费模式也变得越来越重要。

第四，经济活动还包括投资、贸易、金融等多个领域。投资是为了未来的增长和发展而购买资产或股票，它推动了创新和企业扩张。国际贸易帮助各国之间的资源互补，加强了全球联系。金融活动包括银行、证券市场和货币政策，对货币供应和通货膨胀起到了重要的调节作用。

（二）经济活动的特点

经济活动是人类社会中不可或缺的一部分，它具有多种独特的特点，这些特点帮助我们更好地理解和分析经济系统的运作。

[①]　陆闻艳. 做好科研企业经济活动分析 [J]. 化工管理，2022（13）：24.

第一，稀缺性。经济活动的特点之一是资源的稀缺性。资源，包括劳动力、土地、资本和原材料等，是有限的，而需求是无限的。因此，人们必须面对资源的有限性，选择如何最有效地利用这些资源以满足社会需求。

第二，选择性。由于资源稀缺，人们必须做出选择，分配资源以满足不同的需求和欲望。这种选择性涉及机会成本，即选择一种资源用途意味着放弃其他用途，这对决策者来说是一个关键考虑因素。

第三，自利动机。经济活动通常以个体和组织的自利动机为驱动力。人们通常追求最大化自身利益，这在市场经济中表现为企业追求利润、消费者追求最大化满足感。这种自利动机在竞争市场中可以导致资源的有效分配。

第四，市场交换。市场交换是经济活动的核心，它涉及买卖双方之间的交易。市场提供了一种协作机制，通过价格信号，买卖双方可以决定资源的分配。市场交换也有助于资源的流动和配置。

第五，不确定性。经济活动充满不确定性。市场波动、技术变革、政策变化和自然灾害等因素都会对经济活动产生影响。人们必须在不确定的环境中做出决策，这需要风险管理和计划。

第六，时间价值。时间价值是经济活动的一个重要特点。资源的时间价值意味着今天的资源价值高于将来相同数量的资源。这导致了投资和贷款的概念，因为人们愿意为获得今天的资源而支付额外费用。

第七，互补性。资源之间存在互补性，这意味着它们通常需要共同使用才能创造价值。例如，劳动力需要资本和技术才能生产产品。这种互补性需要协调不同资源的使用。

第八，政府干预。尽管市场在资源配置中发挥着重要作用，但政府通常会干预经济活动，以维护公共利益、调整市场失灵和提供公共物品。这包括税收政策、监管、货币政策等措施。

第九，环境和社会因素。经济活动对环境和社会有深远影响。可持续性、社会责任和环境保护等问题在现代经济活动中变得越来越重要，因为人们认识到经济活动必须与社会和生态系统协调发展。

三、经济组织与经济活动的联系

经济组织与经济活动之间存在紧密的联系和相互作用，这是经济体系中不可分割的一部分。经济组织是指各种企业、机构、政府机关和非营利组织，它们在经济活动中扮演着不同的角色和职能。经济活动则是指生产、分配、交换和消费各种物质和服务的过程。这两者之间的互动塑造了现代经济的面貌，影响着人们的生活和社会的发展。

第一，经济组织为经济活动提供了基础和支持。企业是经济组织的主要代表，它们通过生产和提供商品和服务来满足人们的需求。企业的存在和发展依赖于市场需求、资源供给和技术进步等因素，这些都是经济活动的核心要素。另外，政府机关也是重要的经济组织，它们通过政策制定和监管来调整经济活动，维护市场秩序，保护消费者权益，以及推动社会公共事业的发展。非营利组织则在社会公益和慈善领域发挥着重要作用，它们的经济活动往往与社会责任和人道主义关怀紧密相连。

第二，经济组织影响着经济活动的性质和方向。企业的经营战略和决策会直接影响产品的质量、价格和供应量。政府的政策措施，如税收政策、贸易政策和产业政策，也会对经济活动产生深远影响。这些政策可能鼓励创新和竞争，也可能限制市场准入和垄断行为。此外，非营利组织的活动往往聚焦于解决社会问题和提升社会福祉，它们的目标和项目选择会引导资源的配置和利益的分配。

第三，经济组织与经济活动之间的联系还表现在劳动力市场上。企业是雇佣劳动力的主要机构，它们提供工作机会，创造收入，支持家庭和社会的生计。劳动力的供给和需求直接影响着工资水平和就业率。政府通过监管和培训政策来维护劳动力市场的稳定，确保劳工权益和提升就业机会。非营利组织也在一定程度上依赖于志愿者和专业人士的支持，他们的参与对解决社会问题和推动慈善事业起着重要的作用。

第四，经济组织与经济活动之间的联系还在国际经济中得以显现。跨国公司的崛起使得跨国经济活动成为现实，它们在不同国家之间开展生产、销售和投资。这种国际化的经济活动需要政府、国际组织和非政府组织的协调与监管，以确保贸易的公平性和可持续性。同时，国际经济的波动也会对各国的经济组织产生重大影响，跨国公司可能因市场的不稳定性而调整战略，政府可能需要应对国际竞争和贸易冲突，非营利组织也可能在国际援助和人权保护方面发挥作用。

第五，经济组织与经济活动之间的联系还在创新和科技领域得以体现。企业是创新的主要推动力量，它们投资于研发和技术改进，推动生产方式和产品的革新。政府在创新政策、知识产权保护和教育领域的投资都可以鼓励创新活动。非营利组织也在社会创新和可持续发展方面发挥积极作用，它们通过社会企业和项目支持，推动科技的应用和社会问题的解决。

第二节　管理学的基本原理

一、管理与管理者

（一）管理

管理是一项复杂而多维的活动，它贯穿于各个领域和层面，无论是在企业、政府还是个人生活中，资源都是有限的，管理的目标之一就是确保这些资源得到充分而有效的利用。这包括人力资源、物质资源、财务资源等各种资源的管理，以满足特定需求和实现目标。在企业中，有效的管理可以提高生产率、降低成本、提升产品质量，从而增强竞争力。在政府中，良好的公共管理可以促进社会发展、提供公共服务、维护秩序。在个人生活中，管理能力有助于提高效率、实现个人目标、维持工作与生活的平衡。

管理是组织中至关重要的活动，它涵盖了多种职能，包括计划、组织、领导和控制。这些管理职能协同工作，以确保组织能够达到其目标并有效运作。

第一，计划职能。计划是管理中的首要职能，它为组织提供方向和目标。计划职能涵盖了确定组织的使命、愿景和目标，制定战略和策略，以及规划实施细节。计划职能为组织提供了一个明确的方向和框架，以便管理者和员工都了解他们需要达到的目标。它还为决策提供了依据，帮助管理者确定最佳行动方案，以实现组织的长期愿景。

第二，组织职能。组织职能涉及将计划转化为实际行动。组织职能的成功对于实现计划至关重要。它确保了资源的有效利用、员工的协同工作以及组织的整体协调。一个精心组织的结构可以提高生产力，降低成本，并促进创新和持续改进。

第三，领导职能。领导职能涉及激发和激励员工，以实现组织的目标。领导者的作用对于员工的士气和绩效至关重要。一个优秀的领导者可以激发员工的潜力，提高工作满意度，推动创新和发展，从而实现组织的成功。

第四，控制职能。控制职能是确保计划实施的有效性和效率的关键。控制职能确保组织能够在实施计划时保持灵活性和适应性。它有助于识别问题并采取纠正措施，确保组织在面对不确定性和变化时能够适应并取得成功。

（二）管理者

管理者承担管理工作、履行管理职能，是帮助他人完成工作任务。管理者的工作可能意味着协调一个部门的工作，也可能意味着监管某个员工，还可能是协调一个工作团队的活动。管理者的职责包括制定战略目标、规划资源分配、监督员工工作、解决问题以及促进团队的合作。管理者在各种组织中都起到至关重要的作用，无论是在商业企业、非营利组织还是政府机构。

1. 管理者的类型划分

在组织中，管理者扮演着至关重要的角色，他们负责协调、决策、执行和监督各种活动，以确保组织的有效运营。管理者的类型划分可以帮助我们更好地理解他们在组织中的角色和责任。根据不同的职责和职位级别，管理者可以分为以下类型。

（1）基层管理者（一线管理者）。基层管理者通常位于组织的最底层，他们直接与员工互动，并负责协调和处理日常事务。这一层次的管理者需要具备出色的人际沟通和问题解决能力，以应对员工的需求和挑战。

（2）中层管理者。中层管理者位于组织层次结构的中间层，他们在高层管理者和基层管理者之间扮演着桥梁的角色。

（3）高层管理者。高层管理者位于组织的最高层，他们对整个组织的资源配置和战略方向起着决定性的作用。他们需要具备战略规划和领导才能，以确保组织取得成功。

（4）综合管理者。综合管理者是一种横跨不同管理层次的管理类型，他们的责任跨足基层、中层和高层管理。

（5）专业管理者。专业管理者通常不在组织的层次结构中占据高级职位，而是基于其专业知识和技能来管理特定领域或专业部门。

2. 管理者的角色与技能

（1）管理者的角色。管理者合格与否在很大程度上取决于管理职能的履行情况。为了有效履行各种职能，管理者必须明确自己要扮演哪些角色。管理者在工作中扮演十种不同的角色，这十种角色可被归入三大类：亲和力角色、信息角色和决策角色。

第一，亲和力角色。亲和力角色是管理者的一项关键职责，在这个角色中，管理者扮演着组织内外的联系者和联络者的角色。对组织内部，管理者需要与员工、团队成员、同事和上级建立良好的关系，以促进协作和沟通。对组织外部，管理者需要与供应商、客户、竞争对手以及政府机构等外部利益相关者互动。通过有效的人际关系管理，管理者可以建立信任、解决冲突、促进信息流动，从而为组织的成功创造良好的基础。

第二，信息角色。信息角色涉及管理者在信息流动和处理方面的职责，管理者需要搜集、分析和传递各种信息，以支持决策制定和问题解决。这包括从内部和外部收集信息，监控组织的绩效，以及确保员工和团队之间的信息共享。信息角色的有效执行有助于管理者了解组织的当前状况、趋势和机会，从而做出明智的决策。

第三，决策角色。决策角色是管理者的核心职责之一，在这个角色中，管理者需要权衡各种因素，制订战略计划、政策和解决方案，以应对日常挑战和未来的不确定性。决策角色要求管理者具备分析、判断、风险评估和问题解决的能力。他们需要从众多的选项中选择最佳的路径，并负责推动决策的执行。管理者的决策直接影响组织的成果和绩效，因此这个角色至关重要。

（2）管理者的技能。管理者在行使管理职能和扮演三类角色时，要想在千变万化的环境中进行有效管理，实现组织的目标，就必须使自己掌握必要的管理技能，即技术技能、人际技能和概念技能。

第一，技术技能。技术技能是指管理者通晓和熟悉自己管理范围内所需要的技术和方法。技术技能对基层管理者至关重要，随着管理者职位的提高，技术技能的需要程度逐渐下降。

第二，人际技能。人际技能是指管理者成功地与别人打交道并与别人沟通的能力。人际技能包括对下属的领导能力和处理不同组织之间的关系的能力。人际技能对各级管理者都非常重要。在一般情况下，一个具有良好人际技能的管理者肯定要比其他同事更能取得管理工作的成功。

第三，概念技能。概念技能是指管理者进行抽象思考、形成概念的能力。具有概念技能的管理者能够准确把握工作单位之间、个人之间和工作单位与个人之间的相互关系，深刻了解组织中任何行动的后果，以及正确行使管理职能。概念技能是高层管理者胜任工作的最重要技能，也是对组织发展至关重要的一项技能。

3. 管理者的管理工具

管理者既需要运用权力直接规范被管理者在组织中必须表现的行为，并对其进行追踪和控制，也需要借助组织文化引导组织成员在参与组织活动过程中不同时空的行为选择。

（1）权力。权力是管理者重要的管理工具，它赋予管理者影响和控制组织中各个层面的能力。权力的合理行使可以有效地推动组织向前发展，确保员工遵守规定，以及协调各项活动以实现组织的目标。然而，权力也需要谨慎和透明的运用，以避免滥用和破坏组织内部的和谐关系。权力的形式多种多样，具体如下。

第一，权威权力。权威权力是管理者根据其职位和地位所拥有的权力，它使他们能够制定政策、决策和规则。管理者通常通过这种权力来传达组织的愿景和目标，确保员工的行为符合组织的使命。权威权力合理行使要求管理者保持一定程度的公平和一致性，以便员工了解他们所面临的期望和限制。

第二，奖励权力。奖励权力也是管理者的有力工具。通过奖励权力，管理者可以激励员工更好地完成任务和达成目标。奖励可以包括晋升、薪酬加薪、表扬和其他形式的奖励，这些都可以激发员工的积极性和动力。然而，奖励权力的行使需要公平和透明，以确保奖励分配是基于绩效和符合组织的价值观。

第三，惩罚权力。管理者可以使用惩罚权力来纠正不当行为和确保员工遵守规定。这包括对不当行为采取纪律措施、罚款、降职和其他处罚手段。然而，惩罚权力的合理行使同样需要遵循程序和法律，以避免不公平或滥用权力的情况发生。

第四，信息权力。信息权力是管理者获取和分享信息的能力。这种权力允许管理者做出明智的决策，因为他们获得必要的信息，并将其传达给员工和其他利益相关者。信息权力的行使需要透明和诚实，以建立信任和信誉。

第五，专家权力。专家权力使管理者能够在特定领域提供指导和建议。管理者的专业知识和经验可以对组织的发展和问题解决产生积极影响。然而，管理者在行使专家权力时需要谨慎，以确保其建议是基于客观和可信的信息。

（2）组织文化。组织文化是指在一个组织内部形成的共同的价值观、信仰、行为准则和习惯。它可以对组织的绩效、员工满意度和成功产生深远的影响。组织文化的核心是组织成员普遍认同、共同接受的价值观念以及由这种价值观念所决定的行为准则。组织文化一旦形成，对组织成员的行为影响就会是持续的、普遍的，而且是低成本的。作为一种低成本的管理工具，文化发挥的作用是无意识的。

（三）管理与管理者的联系

管理与管理者的联系是组织中一个至关重要的主题，因为它涉及组织的有效运作和成功。管理是一门复杂的艺术和科学，涉及组织资源、制定战略、解决问题和推动组织达成目标的过程。管理者则是负责执行这些任务的人，他们在组织中发挥着关键的作用。

第一，管理是一项复杂的任务，它涉及多个层面和维度。管理者需要制定战略，规划资源分配，设定目标，监督执行，解决问题，协调团队等。这些任务要求管理者具备广泛的技能和知识，包括领导能力、沟通技巧、决策能力、问题解决能力等。管理者需要能够分析组织内外的环境，制定适应性的策略，以确保组织能够在不断变化的市场竞争中生存和成功。

第二，管理者还在组织中起到了示范作用。他们的行为和价值观对组织文化和员工行为产生深远影响。管理者的领导风格、决策方式和道德标准会塑造组织的文化，影响员工的工作态度和行为。因此，管理者需要充当组织文化的守护者，确保组织价值观和目标得到充分体现。

管理者还需要具备良好的沟通能力。沟通是管理中至关重要的一环，管理者需要与员工、上级、同事、客户等各种利益相关者进行有效的沟通。他们需要清晰地传达目标和期望，解释决策的背后逻辑，倾听员工的反馈，解决问题，协调冲突，促进合作。良好的沟通有助于建立信任关系，增强团队凝聚力，提高工作效率，促进信息共享，从而实现组织的成功。

第三，管理者还需要不断学习和发展自己的管理技能。管理是一个不断发展和演进的领域，管理者需要不断适应变化的环境，更新自己的知识和技能。他们可以通过参加培训课程、阅读管理书籍、参与专业组织等方式来不断提高自己的管理能力。管理者的自我发展有助于他们更好地应对管理挑战，为组织的成功做出贡献。

二、决策与计划

（一）决策

管理的核心是决策，制定决策并承担相应的责任是管理人员工作的基本内容。管理是科学与艺术的融合，决策是这种融合的最佳体现。从日常生活到科研开发，都会涉及不同类型的决策。有些决策是人们依据经验做出的，而更多的决策则是管理者在运用科学的决策技术和方法的基础上研究制定的。

1. 决策的过程

（1）识别机会或诊断问题。这是决策过程的第一个步骤。在这个阶段，组织或个人需要识别出可能的机会或问题。机会是指那些有利于组织或个人成功的外部环境因素，而问题则是指那些阻碍组织或个人达到目标或影响效率的因素。诊断问题包括确定问题的性质、原因和影响范围。

（2）明确目标。找到问题及其原因之后，应该分析问题的各个构成要素，明确各构成要素的相互关系并确定重点，以找到本次决策所要达到的目的，即确定目标。目标体现的是组织想要获得的结果，应该明确所要获得结果的数和质量。

（3）拟订方案。明确了解决问题要达到的目标后，决策者要找出约束条件下的多个可行方案，并对每个行动方案的潜在结果进行预测。在多数情况下，它要求决策者在一定的时间和成本约束下，对相关的组织内外部环境进行调查，收集与问题有关的、有助于形成行动方案的信息并进行分析。同时，决策者应当注意避免因主观偏好接受第一个找到的可行方案而中止该阶段的继续进行。在这一阶段中，创新因素的运用是最重要的，应注意与创新方法的适度结合。

（4）评估方案，做出决定。确定所拟订的各种方案的价值或恰当性，并确定最满意的方案；仔细考虑各种方案的预期成本、收益、不确定性和风险。

（5）实施方案。调动各种相关资源，以保证方案的顺利执行；有效处理执行过程中遇到的阻力。

（6）监督和评估。将方案实际的执行效果与管理者当初所设立的目标进行比较，看是否出现偏差；采取有效措施纠偏；重新寻找机会（或问题），进入一个新的决策循环过程。

2. 决策的方法

（1）定性决策方法。定性决策主要包括以下三种方法。

第一，头脑风暴法。头脑风暴法是一种创意思维的方法，也叫作"脑力激荡"或"思维风暴"。它的主要目的是鼓励团队成员集体产生创意和解决问题，通过集思广益，收集各种各样的观点和想法，以找到创新的解决方案。头脑风暴法有助于推动创新和解决问题，因为它鼓励人们打破传统思维模式，鼓励大胆的想法，促使多种观点的交流，最终产生新的思路和解决方案。这个方法经常用于商业、教育和其他领域的团队会议和讨论中。

第二，名义小组技术。选择一些对要解决的问题有研究或有经验的人作为小组成员，并向他们提供与决策问题相关的信息；小组成员各自先不通气，独立地思考，提出决策建议；召集会议，让小组成员一一陈述自己的方案；小组成员对全部备选方案投票，产生大家最赞同的方案，并形成对其他方案的意见，提交管理者作为决策参考。

第三，德尔斐技术。德尔斐技术用于听取专家对某一问题的意见。运用这一方法的步骤是：根据问题的特点，选择和邀请做过相关研究或有相关经验的专家；将与问题有关的信息分别提供给专家，请他们各自独立发表自己的意见，并写成书面材料；管理者收集并综合专家们的意见后，将综合意见反馈给各位专家，请他们再次发表意见；如此反复多次，最后形成代表专家组意见的方案。

（2）有关活动方向的决策——经营单位组合分析法。经营单位组合分析法又称波士顿矩阵，该法由美国波士顿咨询公司建立，其基本思想是：大部分企业都有两个以上的经营单位，每个经营单位都有相互区别的"产品—市场"，企业应该为每个经营单位确定其活动方向。该法主张，在确定每个经营单位的活动方向时，应综合考虑企业或该经营单位在市场上的相对竞争地位和业务增长情况。根据上述两个标准——相对竞争地位和业务增长率，可把企业的经营单位分成四大类：①衰败型：采取收缩甚至放弃的战略；②潜力型：对有前途的，使其向明星型转变，对无前途的，及时放弃该领域；③红利型：需要较少的资金投入，产生的大量现金可以满足企业经营的需要；④热门型：不失时机地投入必要的资金，扩大生产规模。企业应根据各类经营单位的特征，选择合适的活动方向。

（3）有关活动方案的决策方法。管理者选好组织的活动方向之后，接下来需要考虑的问题自然是如何到达这一活动方向。由于到达这一活动方向的活动方案通常不止一种，所以管理者要在这些方案中做出选择。根据未来情况的可控程度，可把有关活动方案的决策方法分为三大类：确定型决策方法、风险型决策方法和不确定型决策方法。

第一，确定型决策方法。在比较和选择活动方案时，如果未来情况只有一种并为管理者所知，则必须采用确定型决策方法。常用的确定型决策方法有线性规划和量本利分析法等。

第二，风险型决策方法。风险型决策方法是在面对不确定的未来情况，但可以估计各种可能性的情况下使用的。这种方法考虑到不同决策可能带来的风险和回报。决策树法是常用的风险型决策方法。

第三，不确定型决策方法。不确定型决策方法适用于未来情况无法准确估计或预测的情况。在这种情况下，管理者需要采用一种更加谨慎的方法来决定活动方案。常用的不确定型决策方法包括小中取大法、大中取大法和最小最大后悔值法。

（二）计划

1. 计划的作用

计划是指用文字和指标等形式所表述的，组织以及组织内不同部门和不同成员在未来一定时期内行动方向、内容和方式安排的管理文件。计划既是决策所确定的组织在未来一定时期内的行动目标和方式在时间和空间上的进一步展开，又是组织、领导、控制和创新等管理活动的基础。从动词意义上说，计划是指为了实现决策所确定的目标，预先进行的行动安排。这项行动安排包括：在时间和空间两个维度上进一步分解任务和目标，选择任务和目标的实现方式，进度规定，行动结果的检查与控制等。

经过科学而周密的分析研究制订出的计划具有的作用包括：①计划是管理者进行指挥的抓手；②计划是管理者实施控制的标准；③计划是降低未来不确定性的手段；④计划是提高效率与效益的工具；⑤计划是激励人员士气的依据。

2. 计划的编制

（1）计划的编制过程。

第一，制订计划目标。目标是组织期望达到的最终结果。一个组织在同一时期可能有多个目标，但任何目标都应包括以下内容：①明确主题，即明确是扩大利润、提高顾客的满意度，还是改进产品质量；②期望达到的数量或水平，如销售数量、管理培训的内容等；③可用于测量计划实施情况的指标，如销售额、接受管理培训的人数等；④明确的时间期限，即要求在什么样的时间范围内完成目标。

第二，估量现状与目标之间的差距。组织的将来状况与现状之间必然存在差距，客观地度量这种差距，并设法缩小这种差距，是计划工作的重要任务。缩小现状与目标之间的差距可采取两类措施：①在现状的基础上力求改进，随着时间的推移不断地逼近目标；②变革现状，有时甚至是对组织进行根本性的调整。具体采用哪一类措施，需要对现状与目标之间的差距做出客观而准确的分析。

第三，预测未来情况。在计划的实施过程中，组织内外部环境都可能发生变化。预测就是根据过去和现在的资料，运用各种方法和技术对影响组织工作活动的未来环境做出正确的估计和判断。预测有两种：一种是对未来经营条件、销售量和环境变化所进行的预测，这是制订计划的依据和先决条件；另一种是从既定的现行计划发展而来的对将来的期望，如对一项新投资所做的关于支出和收入的预测，这是对计划工作结果的预期。

第四，制订计划方案。制订计划方案包括提出方案、比较方案、选择方案等工作，这与决策方案的选择是一样的道理。计划是面向未来的管理活动，未来是不确定的，不管计划多么周密，在实施过程中都可能因为内外部环境的变化而无法顺利开展，有的情况下甚至需要对预先制定的计划予以调整。因此，在制订计划方案的同时，应该制订应急计划（或称权变计划），即事先估计计划实施过程中可能出现的问题，预先制订备选方案（有时甚至是几套备选方案），这样可以加大计划工作的弹性，使之更好地适应未来环境。

第五，实施和总结计划方案。实施全面计划管理，应把实施计划包括在计划工作中，组织中的计划部门应参与计划的实施过程，了解和检查计划的实施情况，与计划实施部门共同分析问题，采取对策，确保计划目标的顺利实施。参与计划实施，及时获取有关计划实施情况的信息，总结和积累经验，将有助于计划的实施和计划工作科学化水平的提高。

（2）计划的编制方法。

第一，滚动计划法。滚动计划法根据计划的执行情况和环境变化定期修订未来的计划，并逐期向前推移，使短期计划、中期计划有机地结合起来。滚动计划方法加强了计划的弹性，这在环境剧烈变化的时代尤为重要，它可以提高组织的应变能力。

第二，项目计划技术。项目计划是对项目的目标及活动予以统筹，以便能在固定的时间内以最低的成本获取项目预期成果。其工作过程如下。

阶段一，项目的界定。围绕项目的最终成果界定项目的总体目标。

阶段二，行动分解。对项目进行更加周密的筹划，对项目做进一步的分解，并进一步分析每项行动的时间、所需要的资源和费用预算等，即明确每项行动何时做、由谁来做、如何做以及花费多少等问题。

阶段三，行动统筹。分析、识别众多具体行动之间的内在联系，合理地筹划，进而将众多的行动重新整合起来。

第三，计划评审技术。计划评审技术是在网络理论的基础上发展起来的计划控制方法，也称网络计划技术。其原理是把一项工作或项目分成各种作业，然后根据作业顺序进行排列，通过网络图对整个工作或项目进行统筹规划和控制，以便用最少的人力、物力、财力资源，用最快的速度完成工作。

3. 计划的实施方法——目标管理法

目标管理是一种鼓励组织成员积极参加工作目标的制定，并在工作中实行自我控制、自觉完成工作任务的管理方法或管理制度。目标管理假设所有下属能够积极参加目标的制定，在实施中能够进行自我控制。目标管理的重点是让组织中的各层管理人员都与下属围绕工作目标和如何完成目标进行充分的沟通。

（1）目标管理的特点。目标管理有以下特点。

第一，实行参与管理。在目标制定与分解过程中，各级组织、部门动员其下属积极参加目标的制定和分解，充分发表各自的见解，积极讨论组织目标及个人目标。

第二，重视工作成果而不是工作行为本身。目标管理与其他管理方法的根本区别在于，它并不要求或强硬规定下属如何做，而是以目标为标准考核其工作成果，评价下属的工作成绩。下属可以在保持既定目标的情况下，选择适合自己的方式方法实现目标，从而激发下属的主观能动性和创造性。

第三，强调组织成员的自我控制。目标管理以下属的自我管理为中心。下属可以根据明确的目标、责任和奖罚标准，自我评价工作的标准及进度，根据具体情况自我安排工作进度计划，采取应急措施，改进工作效率。

第四，建立系统的目标体系。目标管理通过发动群众自下而上、自上而下地制定各岗位、各部门的目标，将组织的最高层目标与基层目标、个人目标层层联系起来，形成整体目标与局部目标、组织目标与个人目标的系统整合。这使得组织目标在内部层层展开，最终形成相互联系的目标体系。

（2）目标管理过程。目标管理是一个全面的管理系统，它用系统的方法把许多关键管理活动结合起来，并且有意识地、有效地和高效率地实现组织目标和个人目标。目标管理需经历如下过程。

第一，制定目标。制定目标包括确定组织的总体目标和各部门的分目标。

第二，明确组织的作用。理想的情况是，每个目标和子目标都应有某一个人的明确责任。

第三，执行目标。为了保证能实现目标，必须授予相关人相应的权力，使他们有能力调动和利用必要的资源。

第四，评价成果。评价成果既包括上级对下级的评价，也包括下级对上级、同级关系部门相互之间的评价，以及各层次的自我评价。

第五，实行奖惩。奖惩是基于各种评价的综合结果。公平合理的奖惩有利于维持和调动组织成员的工作热情和积极性。

第六，制定新目标并开始新的目标管理。

三、组织设计

组织设计，是对组织的结构和活动进行创构、变革和再设计。组织设计的目的就是要通过创建柔性、灵活的组织，动态地反映外在环境变化的要求，并且能够在组织演化成长的过程中，有效积聚新的组织资源，同时协调好组织中部门与部门之间、人员与任务之间的关系，使员工明确自己在组织中应有的权力和应担负的责任，有效地保证组织活动的开展，最终保证组织目标的实现。

（一）组织设计的意义与原则

1. 组织设计的意义

组织设计是一个组织内部结构和运营方式的重要方面，它涉及如何分配权力、职责和资源，以实现组织的战略目标。这一过程对于任何规模的组织来说都至关重要，它的影响可以决定一个组织的成功或失败。

（1）实现战略目标。组织设计是确保组织能够有效实施其战略计划的关键部分。它可以确保组织的结构和资源分配与战略目标相一致，从而提高战略执行的成功机会。

（2）提高效率。通过优化组织的结构，组织设计可以提高工作流程的效率，减少冗余和浪费。这有助于组织更有效地利用资源，提高生产力和降低成本。

（3）适应变化。在不断变化的商业环境中，组织设计可以使组织更具灵活性，能够快速适应市场趋势和竞争压力。它可以确保组织有能力应对新挑战和机会。

（4）促进协作。组织设计可以帮助不同部门和团队更好地协同工作，以实现共同的目标。适当的组织结构和沟通流程可以促进信息共享和协作，减少内部的隔阂和冲突。

（5）提高员工满意度。一个良好的组织设计可以使员工更容易理解他们的角色和职责，提供清晰的职业发展路径，以及提供更多的机会参与决策。这可以增加员工的满意度和忠诚度。

（6）优化资源分配。组织设计可以帮助组织更有效地分配资源，包括人力资源、资金和技术。这可以确保资源用于最重要的项目和活动，以实现最大的价值。

（7）增强创新能力。通过合理的组织设计，组织可以鼓励创新和创造力。它可以为员工提供更多的自主权和灵活性，以实验新想法和方法。

（8）降低风险。一个良好的组织设计可以帮助组织更好地管理风险，包括法律、合规性和安全方面的风险。它可以确保组织在应对挑战和危机时有适当的准备。

（9）提高客户满意度。组织设计可以确保组织能够提供高质量的产品和服务，从而提高客户满意度。一个高效的组织结构可以帮助组织更好地满足客户需求。

（10）维护竞争优势。通过不断优化组织设计，组织可以保持竞争优势，确保其在市场中的地位。这可以通过更快速决策制定、更高效的运营和更好的资源管理来实现。

2．组织设计的原则

在组织设计的过程中，还应该遵循一些最基本的原则，这些原则都是在长期管理实践中的经验积累，应该被组织设计者所重视。

（1）专业化分工的原则。企业生产活动过程的复杂性决定了任何个人都不可能同时拥有现代工业生产所需的所有知识和技能，每个人都只能在有限的领域内掌握有限的知识和技能，从而相对有效率地从事有限的活动。专业化分工就是要把企业活动的特点和参与企业活动的员工的特点结合起来，把每个员工都安排在适当的领域中积累知识、发展技能从而不断地提高工作的效率。

企业组织设计就是对管理人员的管理劳动进行分工：部门设计是根据相关性或相似性的标准对不同部门的管理人员的管理劳动进行横向分工；层级设计则是根据相对集权或相对分权的原则把与资源配置方向或方式选择相关的权力在不同层级的管理机构或岗位间进行纵向安排。

（2）统一指挥原则。企业组织设计中的统一指挥原则是指确保在组织内部有一个明确定义的权威结构和决策层次，以便协调和管理组织的各个部门、团队和成员。这个原则有助于确保组织内部的协调性、效率和一致性，从而有助于实现组织的战略和目标。

第一，领导者和管理层的权威。统一指挥原则强调了在组织中必须存在清晰的领导者和管理层。这些领导者应该负责制定决策、指导下属、协调工作和确保战略的执行。

第二，权责明确。每个层次的管理者和员工都应该明确其职责和权利。这有助于避免混淆和冲突，同时也鼓励更好的绩效。

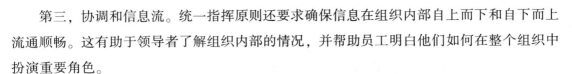

第三，协调和信息流。统一指挥原则还要求确保信息在组织内部自上而下和自下而上流通顺畅。这有助于领导者了解组织内部的情况，并帮助员工明白他们如何在整个组织中扮演重要角色。

第四，部门和团队的一致性。不同部门和团队之间的工作应该协调一致，以确保组织的整体目标得以实现。这需要明确的沟通和协调。

第五，层级结构。组织通常会有明确的层级结构，包括高级管理、中层管理和基层员工。这种结构有助于确保信息和决策能够顺畅流通。

第六，绩效管理。统一指挥原则也涉及绩效管理。管理层应该对员工的绩效进行评估，以确保他们的工作与组织的战略目标保持一致。

第七，责任和问责。在统一指挥原则下，每个管理层都要对自己的决策和行动负责，同时也要确保员工对其职责负责。

（3）管理幅度原则。管理幅度原则是指一名上级领导直接指挥下属的人数应该有一定的限度，并且应该是有效的。这就意味着，管理幅度不能够无限度增加，毕竟每个人的知识水平、能力水平都是有限的。影响管理幅度的因素有多种，至今尚未形成一个可被普遍接受的有效管理幅度标准。

随着计算机技术的发展和信息时代的到来，运用信息技术处理信息的速度加快，每个管理者对知识和信息的掌握以及实际运用的能力都有普遍提高，这使得管理幅度有可能大量增加，管理者协调上下左右之间关系的能力也有可能大幅度提高。

（4）权责对等原则。组织中的每个部门和部门中的每个人员都有责任按照工作目标的要求保质保量地完成工作任务，同时，组织也必须委之以自主完成任务所必需的权力，职权与职责要对等。

（5）柔性经济原则。组织的柔性，是指组织的各个部门、各个人员都是可以根据组织内外环境的变化而进行灵活调整和变动的。组织的结构应当保持一定的柔性以减小组织变革所造成的冲击和震荡。组织的经济是指组织的管理层次与幅度、人员结构以及部门工作流程必须设计合理，以达到管理的高效率。组织的柔性与经济是相辅相成的，一个柔性的组织必须符合经济的原则，而一个经济的组织又必须使组织保持柔性。只有这样，才能保证组织机构既精简又高效。

（二）组织设计的任务——设计组织结构

1. 组织结构的结构形式

组织设计的任务是设计清晰的组织结构，规划和设计组织中各部门的职能和职权，确定组织中职能职权、参谋职权、直线职权的活动范围并编制职务说明书。

组织结构，是指组织的基本架构，是对完成组织目标的人员、工作、技术和信息所做的制度性安排。组织结构可以分解为两种结构形式：

（1）组织横向结构设计。组织横向结构设计的结果是组织的部门化，即确定了每一部门的基本职能，每一位主管的控制幅度，部门划分的标准以及各部门之间的工作关系。

（2）组织纵向结构设计。组织纵向结构设计的结果是决策的层级化，即确定了由上到下的指挥链以及链上每一级的权责关系，显然，这种关系具有明确的方向性和连续性。

2. 组织结构的具体形态

（1）直线制组织结构。直线制组织结构，又称简单结构，是最早使用也是最为简单的一种结构，是一种集权式的组织结构形式，因此也称为军队式结构。其特点是组织中从最高层领导到基层人员，各种职位按自上而下垂直系统直线排列，各级执行统一指挥和管理，在内部不设专门的职能部门或参谋部门。直线制组织结构的优点有：组织关系简单，便于统一指挥；组织中成员的目标明确，权责明晰，易于评价业绩；组织灵活，易于适应环境的变化，信息沟通方便；管理成本低等。直线制组织结构主要适用于组织规模不大、雇员人数较少、生产和管理工作比较简单的组织。

（2）职能制组织结构。职能制组织结构是以工作方法和技能作为部门划分的依据的。职能制组织结构的优点有：职能部门任务专业化，可以避免人力和物质资源的重复配置；便于发挥职能专长，对许多职能人员颇有激发力；可以降低管理费用，这主要来自各项职能的规模经济效益。

（3）直线职能制组织结构。直线职能制组织结构也称为直线参谋型组织结构，是把直线垂直指挥系统与按专业分工而设置的管理职能部门结合起来的一种组织形式。这种组织结构的特点是：以直线为基础，在各级行政负责人之下设置相应的职能部门，分别从事专业管理，作为该级领导者的参谋，实行主管统一指挥与职能部门参谋、指导相结合的组织结构形式。职能部门拟订的计划、方案，以及有关指令，统一由直线领导者批准下达，职能部门无权直接下达命令或进行指挥，只起业务指导作用，各级行政领导人实行逐级负责，实行高度集权。

直线职能制组织结构的优点为：综合了直线制和职能制的优点，保持了直线制的集中统一指挥的优点，又吸取了职能制发挥专业管理的长处，从而提高了管理工作的效率；职责分明，各司其事，工作秩序井然，组织有较高的稳定性。

（4）事业部制组织结构。事业部制组织结构，又称为分部结构或 M 形结构，公司总部只对公司总体战略做出决策，决定资源在各事业部的分配方案；各事业部则拥有完整的发展战略及运营决策自主权。这种组织结构形式就是在公司总部的领导下，按产品或地区分别设立若干事业部，每个事业部在经营管理上拥有很大的自主权，而每个事业部内部一般采取直线职能制组织结构。

事业部制组织结构的优点有：有利于最高管理层集中精力考虑组织未来长期的发展战略；提高了管理的灵活性和适应性，各事业部在经营上有较大的自主权而有利于对环境条件变化的适应能力；有利于调动各事业部的积极性和主动性；有利于培养高级管理人才；便于组织专业化生产，有利于提高生产效率，保证质量，降低成本。事业部制组织结构适用于采用多样化战略、国际化战略的大型组织；适用于产品或服务类别复杂，并分散在多个市场，且规模较大的组织。在环境较为稳定的条件下，事业部制组织结构是可以发挥其特长的。

（5）矩阵制组织结构。矩阵制组织结构是指来自不同职能领域的专业人员被组织分派从事某个工作项目，并且在该项目完成之后返回他们原来的职能领域。矩阵制组织结构采用双重指挥链，员工既接受职能领域经理的领导，又接受项目经理的领导。矩阵制组织结构实际是将职能部门化与项目（产品）部门化两种因素交织在一起的一种组织结构形式。

矩阵制组织结构的优点有：发挥了职能部门化与项目部门化两方面的优势，它促进了资源在各项目中的共享，有利于各项目和各职能部门之间沟通、协作和配合；具有较强的机动性，能根据特定需要和环境的变化保持适应性；把不同部门、具有不同专长的专业人员组织在一起，有利于相互启发，集思广益，有利于攻克各种复杂的技术难题，更圆满有效地完成工作任务；在发挥人的才能方面有很大的灵活性。

矩阵制组织结构适用于需要对环境变化做出迅速而一致反应的组织。如咨询公司和广告代理商就经常采用矩阵制组织结构，以确保每个项目按计划要求准时完成。

（6）多维立体组织结构。

多维立体组织结构是直线职能制、矩阵制、事业部制和地区、时间结合为一体的复杂机构形式。它是从系统的观点出发，建立多维立体的组织结构。多维立体组织结构主要包括三类管理机构：①按产品划分的事业部，是产品利润中心；②按职能划分的专业参谋机构，是专业成本中心；③按地区划分的管理机构，是地区利润中心。通过多维立体的组织结构，可使这三方面的机构协调一致，紧密配合，为实现组织的总目标服务。多维立体组织结构适用于多种产品开发、跨地区经营的跨国公司或跨地区公司，可以为这些企业在不同产品、不同地区增强市场竞争力提供组织保证。

（7）网络组织结构。网络组织结构是一种目前流行的无边界组织形式，既利用自己的员工从事某些工作活动，也利用外部供应商网络来提供其他必需的产品部件或工作流程。

在制造业，也被称为模块组织。这种结构设计使得组织通过把其他工作活动外包给那些最善于从事这些活动的公司，从而能够全神贯注于本组织最擅长的业务活动。网络组织结构是指这样一个小的核心组织，它通过合作关系（以合同形式）依靠其他组织执行制造、营销等经营功能。

网络组织结构的最大优点是：获得了高度的灵活性，便于适应动态变化的环境。但是它与传统组织相比，缺乏对一些职能部门的有力控制（特别是制造部门）。随着信息技术在企业的广泛运用，网络组织结构会逐渐显示出它的生命力。

（8）市场链。市场链的核心思想是将市场经济中的利益调节机制引入企业内部，在集团宏观调控下，把企业内部的上下流程、上下工序和岗位之间的业务关系由原来的单纯行政关系转变成平等的买卖关系、服务关系和契约关系，通过这些关系把订单转变成一系列内部的市场订单，形成以订单为中心、上下工序和岗位之间相互咬合、自行调节运行的市场链。市场链通过流程之间、工序之间、岗位之间的"索酬、索赔、跳闸"形成市场关系、服务关系，简称"两索一跳"，用其汉语拼音首字母标注为SST①。作为中国本土的组织理论创新，市场链不仅体现了一种组织设计理念，而且指导了海尔的生产经营实践，在简化组织结构、形成协同竞争格局、提高企业的快速反应能力等方面发挥了重要作用。

3. 组织结构设计

组织结构设计是组织设计的基础性工作，既是对组织整体目标的分解，也是对组织框架的整体安排。一个完整的组织结构设计至少包括职位（职能）设计、部门设计和层级设计三方面内容。

（1）职位设计。职位设计是对组织完成目标所需要的职位、职务的整体安排。组织为了完成目标，需要将总体目标进行层层分解，明确完成任务需要哪些活动，确定所需职位、职务的类别和数量，分析各类职位、职务所需要的任职资格及各职位管理人员需要具备的条件、应该拥有的权限、所应承担的责任等。

组织的职位是组织任务最终落实和实现的具体组织依托，也是组织的基本构成单位。职位设计涉及许多员工的工作任务和责任，必须遵循一定的原则，运用一些方法，保证组织职位设计的科学性和合理性。职位设计应关注以下问题：工作专业化与简单化，工作扩大化及工作丰富化，信息沟通与反馈（绩效反馈），人的特性，工作是由个人还是由团体来担当等。

---

① 索酬（S）是指上游流程、工序、岗位如果提供了优质服务，就要索取报酬；索赔（S）是指下游流程、工序、岗位如果发现上游所提供产品数量、质量、交货时间出现问题，就要索要赔偿；跳闸（T）是指相关第三方，如下一道工序最终检验部门发挥闸口的作用，如果各流程既不索酬也不索赔，第三方就会自动"跳闸"警示、制约并解决问题。

（2）部门设计。组织设计任务的实质是按照劳动分工的原则将组织中的活动专业化，而劳动分工又要求组织活动保持高度的协调一致性。协调的有效方法就是组织的部门化，即根据每个职务人员所从事的工作性质以及职务间的区别和联系，按照组织职能相似、活动相似或关系紧密的原则，将各个职务人员聚集在"部门"这一基本管理单位内。组织的部门设计，一般是指对组织的特定层次上的横向结构的划分。由于组织构成包括不同的层次，所以组织的部门设计实际上包含着对组织各个层次部门的设计。

组织部门划分可归纳为以下几种形式：职能部门化、产品或服务的部门化、地域部门化、顾客部门化、流程部门化等。由于组织活动的特点、环境和条件不同，划分部门所依据的标准也是不一样的。对同一组织来说，在不同时期不同的战略目标指导下，划分部门的标准可以根据需要进行动态调整。

部门的划分解决了因管理幅度的限制而有碍组织规模扩大的问题，同时把业务工作安排到各个部门中去，有利于组织目标的实现。部门关系分析主要包括以下三个方面。

第一，对工作性质、业务内容和活动方式相同或相似的部门进行必要的合并，以保证组织机构的精简有效，降低成本。

第二，对相互严重冲突或矛盾的部门进行整改或合并，以减少组织运行中的阻力。

第三，对不同部门的任务、作用和活动之间的关系进行逻辑分析，以确定组织各部门之间的理性关系，明确组织运行的正常程序。

（3）层级设计。组织的层级设计是指组织在纵向结构设计中需要确定层级数目和有效的管理幅度。层级设计必须根据组织内外能够获取的现有人力资源情况，对初步设计的职能和职务进行调整与平衡，同时要根据每项工作的性质和内容确定管理层级并规定相应的职责、权限，通过规范化的制度安排使各个职能部门和各项职务形成一个严密、有序的活动网络。

第一，组织层级与管理幅度的关系。由于组织任务存在递减性，从最高层的直接主管到最低的基层具体工作人员之间就形成了一定的层次，这种层次便称为组织层级。组织层级受到组织规模和管理幅度的影响，它与组织规模成正比，组织规模越大，包括的人员越多，组织工作也越复杂，则层级也就越多。在组织规模已确定的条件下，组织层级与管理幅度成反比，即上级直接领导的下属越多，组织层级就越少；反之，则越多。

第二，管理幅度的有效性。有效的管理幅度受到诸多因素的影响，主要影响因素有：管理者和被管理者的工作能力、工作内容、工作条件与工作环境等。现代管理理论和实践的发展趋势是拓宽管理幅度。理由是，在其他条件相同时，管理幅度越宽，组织的效率越高。这一点已被许多企业的管理实践所证实。许多企业为了在拓宽管理幅度时仍能保证对组织成员的有效控制，加强了员工培训的力度和投入，让员工掌握更多的工作技能，以解决管理幅度拓宽所带来的问题。

第三，高耸与扁平的组织结构。一是高耸的组织结构，管理层次较多，管理幅度较小，沟通渠道多。其优点是管理严密，分工明确，上下级容易协调。扁平的组织结构管理层次少，但管理幅度与高耸的组织结构相比较大，沟通渠道少。其优点是由于管理层次少而管理成本低，信息沟通快，成员有较大的自主性而满意度加大。在管理层次的设计中，两种组织结构都有利有弊，因此，要兼顾两种组织结构，取其所长，避其所短，设计适当的管理幅度和管理层次，使组织结构发挥出应有的作用。

四、领导、激励与沟通

（一）领导

领导是指导和影响群体或组织成员的思想与行为，使其为实现组织目标而做出努力和贡献的过程或艺术。

1. 领导权力的来源

领导的核心在权力。领导权力通常是指影响他人的能力，在组织中就是指排除各种障碍完成任务，达到目标的能力，领导权力有以下五种来源。

（1）法定性权力。法定性权力是由个人在组织中的职位决定的。个人由于被任命担任某一职位，因而获得了相应的法定权力和权威地位。

（2）奖赏性权力。奖赏性权力是指个人控制着对方所重视的资源而对其施加影响的能力。奖赏性权力是否有效，关键在于领导者要确切了解对方的真实需要。

（3）惩罚性权力。惩罚性权力是指通过强制性的处罚或剥夺而影响他人的能力。这实际上是利用人们对惩罚和失去既得利益的恐慌心理而影响和改变他的态度和行为。

（4）感召性权力。感召性权力是由于领导者拥有吸引别人的个性、品德、作风而引起人们的认同、赞赏、钦佩、羡慕而自愿地追随和服从他。感召性权力的大小与职位高低无关，只取决于个人的行为。

（5）专长性权力。专长性权力是知识的权力，是指因为人在某一领域所特有的专长而影响他人。领导者绝对不可能在所有领域内都具有专长权，所以对组织中正式职位的领导者而言只要在他的工作职责范围内具有一定的专长权即可，而不必要求一定是某一领域的专家。

2. 领导的管理

（1）管理趋向于注重一个相对短的时间范围，强调微观方面；而领导注重于更长的时间范围，注重宏观方面。

（2）在组织中，管理注重人员专业化，通过挑选或培训让合适的人担任各项工作，要求服从安排；而领导则注重于整体性，使整个群体朝着正确的方向前进，实现所确定的目标。

（3）管理常通过控制和约束解决问题；而领导则多采用激励和鼓舞，侧重于授权、扩展，并不时通过创新激发群众的积极性。

（4）领导与管理的根本区别体现为它们各自的功用不同，领导能带来有用的变革，而管理则是为了维持秩序。

另外，对领导与管理也可以从其权力的基础进行分析。管理是建立在合法的、有报酬的和强制性的权力基础上的，而领导更多的是建立在个人影响力和专长权以及模范作用的基础之上的。领导的本质就是被领导者的追随和服从，它不是由组织赋予的职位和权力所决定的，而是取决于追随者的意愿。因此，有些握有职权的管理者可能没有部下的服从，也就谈不上是真正意义上的领导者。对非正式组织中有影响力的人参加企业正式组织的管理，会有益于管理的成效。对不具备领导才能的人应该从管理人员队伍中剔除或减少。

（二）激励

1. 激励的意义

激励的意义是激发人们积极行动的动力或动机，以达到特定的目标、愿望或期望。激励是在个人、组织和社会层面都非常重要的概念，它可以产生广泛的影响。

（1）提高工作动力。在职业生涯中，激励可以帮助员工更加努力地工作，提高生产力和绩效。通过奖励、认可、晋升机会等激励措施，员工可以更积极地追求成功和职业发展。

（2）实现个人目标。个人生活中，激励可以帮助人们设定和实现个人目标。这可以涵盖健康、财务、教育等各个领域。激励可以激发人们克服困难、坚持努力，以实现他们的愿望。

（3）促进团队合作。在组织中，激励可以用来鼓励团队合作和协同工作。通过建立团队目标、提供团队奖励和鼓励相互合作，可以增强团队的凝聚力和工作效率。

（4）促进创新。激励还可以激发创新和创造力。通过提供自由思考和尝试新想法的机会，组织可以激励员工寻找新的解决方案和机会。

（5）提高绩效和成就。激励可以提高个人和组织的绩效和成就。当人们感到受到激励和支持时，他们通常会更有动力、更有自信地追求目标，从而取得更大的成功。

2. 有效激励的方法

在组织中，有效的激励方法至关重要，因为它们可以帮助激发员工的积极性，提高绩效，增强忠诚度，从而实现组织的目标。有效的激励方法不仅能够满足员工的需求，还可以帮助组织吸引、保留和培养优秀的人才。

（1）薪酬和福利激励。薪酬是最基本的激励手段之一。组织可以制定公平的薪酬政策，确保员工的工资和福利与他们的工作贡献相匹配。此外，提供额外的福利，如医疗保险、退休计划、奖金和股票期权，也可以激发员工的积极性。

（2）职业发展机会。提供职业发展机会是一种有效的激励方法。员工通常会更有动力，如果他们知道他们可以在组织中获得晋升和职业发展机会。这可以通过提供培训、教师制度、晋升通道以及鼓励员工参与专业发展来实现。

（3）表扬和认可。表扬和认可是廉价而强大的激励方式。当员工表现出色时，及时给予赞扬和肯定可以激发他们的士气。组织可以设立员工奖励计划，包括员工月度或年度奖项，以表彰卓越表现。

（4）创造有挑战性的工作。员工通常更有动力，当他们认为自己的工作有挑战性，能够发挥自己的潜力。组织可以通过为员工分配有趣和多样化的任务，以及允许他们参与项目和决策，来创造有挑战性的工作。

（5）灵活的工作安排。提供灵活的工作安排，如远程工作、弹性工作时间和部分时间工作，可以满足员工的工作与生活平衡需求，增强其满意度和忠诚度。

（6）员工参与。听取员工的建议和意见，并让他们参与决策过程，可以增加他们对组织的投入感。员工参与有助于建立更紧密的关系，促进团队协作，以及提高员工满意度。

（7）培训和发展机会。提供员工培训和发展机会可以增强其技能和知识，有助于他们更好地履行工作职责，也使他们感到受到关心和投资。这有助于员工的职业成长，同时也满足了他们对不断学习的渴望。

（8）建立正向文化。正向的工作文化可以激励员工，提高其绩效。这包括鼓励团队合作、透明沟通、支持创新和鼓励员工承担责任。组织可以通过领导示范和制定价值观来塑造这种文化。

（9）奖励和激励计划。制订奖励和激励计划，如销售提成、绩效奖金、员工股票计划等，可以鼓励员工更加努力工作，以实现特定目标。

（10）职工生活平衡。组织可以提供灵活的工作时间、带薪休假和家庭支持政策，以帮助员工更好地管理工作和个人生活之间的平衡。

（三）沟通

良好的沟通是组织与组织成员相互了解的基本前提。组织与其成员以及组织成员之间认知等方面存在的种种差异决定了必须建立有效的沟通机制，以防止因沟通不畅而可能引发的认知、态度的冲突。

1. 沟通及沟通过程

沟通就是借助一定手段把可理解的信息、思想和情感在两个或两个以上的个人或群体中传递或交换的过程，目的是通过相互间的理解与认同来使个人或群体间的认知以及行为相互适应。

沟通就是传递信息的过程。在这个过程中，至少存在着一个发送者和一个接收者，即发送信息的一方和接收信息的一方。沟通在管理中的作用表现包括：沟通是协调各个体、各要素，使组织成为一个整体的凝聚剂；沟通是领导者激励下属，实现领导职能的基本途径；沟通也是组织与外部环境之间建立联系的桥梁。

2. 有效沟通的实现

要实现有效沟通，就必须克服沟通的障碍，提高传递和交流信息的可靠性与准确性。

（1）人际沟通的改善。人际沟通的改善主要包括：选择适合的沟通方式、恰当使用语言和非语言线索、控制情绪、善于运用反馈、学会积极倾听、减少沟通的中间环节。

（2）组织沟通的改善。组织沟通的改善主要包括：明确沟通的重要性，正确对待沟通；创造一个相互信任、有利于沟通的小环境；缩短信息传递链，拓宽沟通渠道，保证信息的畅通无阻和完整性；建立特别委员会，定期加强上下级的沟通；非管理工作组；加强平行沟通，促进横向交流；强化有效信息的甄选。

五、控制

控制的核心就是维持正确的航向，或者说维持实现目标的正确行动路线。管理的一切活动都是为了实现组织目标，计划职能确定了组织的目标和实现目标的途径，组织职能将计划落实到人员和资源的安排，要使计划的目标转化为现实，主管人员就必须在管理工作中执行控制的职能，以使工作按原来的计划进行，或适当调整计划以达到预期的目的。

控制是指对组织内部的管理活动及其效果进行衡量和校正，以确保组织目标及为此拟订的计划得以顺利实现的管理活动。具体来讲，就是通过不断地接收和交换企业内外的信息，按照预定计划指标和标准，监督、检查实际工作的执行情况，若发现偏差，及时找出原因，并根据环境条件的变化，自我调整，使组织的活动能按预定的计划进行或对计划做适当修正，确保计划的完成和目标的实现。

（一）控制的类型

1. 前馈控制

前馈控制，也被称为事前控制或预先控制。前馈控制发生在实际工作开始之前，它以未来为导向，在工作之前对工作中可能产生的偏差进行预测和估计，采取防范措施，以便在实际偏差产生之前，管理者就能运用各种手段对可能产生的偏差进行纠正，将其消除于产生之前。

为了保证工作的顺利进行而制定一系列规章制度，为生产出高质量的产品而对原材料质量进行控制等，都属于前馈控制。由于前馈控制是在工作开始之前进行的控制，因而可以防患于未然，避免事后控制只能亡羊补牢的弊端。前馈控制主要是通过动态地保持计划本身的正确性，包括计划所要求的资源配置的正确性、计划所要求的工作的划分和联系的正确性、计划所要求的工作流程的正确性、计划所要求的制度的正确性等，从而使计划对其实施过程起到直接有效的控制作用。

2. 同期控制

同期控制，也被称为即时控制或现场控制，是指计划执行过程中所实施的控制。同期控制主要为基层管理人员所采用。主管人员通过深入现场亲自监督检查、指导和控制下属人员的活动实施控制行动。

同期控制包括的内容有：①向下级指示恰当的工作方法和工作过程；②监督下级的工作以保证计划目标的实现；③发现不符合标准的偏差时，立即采取纠正措施。在计划的实施过程中，大量的管理控制，尤其是基层的管理控制都属于这种类型。同期控制是控制的基础。一个主管人员的管理水平和领导能力，常常会通过这种工作表现出来。

3. 反馈控制

反馈控制，也被称为事后控制或成果控制，是根据计划执行的结果来实施的控制。这类控制主要是分析工作过程的输出结果，将它与控制标准相比较，发现已经发生或即将出现的偏差，分析其原因和对未来的可能影响，及时拟定纠正措施并予以实施，以防止偏差继续发展或防止其今后再度发生。

反馈控制是一个不断提高的过程。它的工作重点是把注意力集中在历史结果上，并将它作为未来行为的基础。显然，反馈控制被广泛地使用，因为在管理工作中主管人员所能得到的信息，很大一部分是需要经过一段时间才能得到的延时信息。在控制中为减少反馈控制带来的损失，应该尽量缩短获得反馈信息的时间，以弥补反馈控制方法的这种缺点，使造成的损失减少到最低程度。

（二）控制的方法

在一个组织的管理体系中，控制的方法与技术属于"术"的层面，发挥着使"道"落地的作用，直接决定着控制的理念和系统付诸实施的效果。从战略层次的角度，组织的控制方法可以划分为以下三类。

1. 层级控制

层级控制，也称为"官僚控制""科层控制"，是指利用正式的章程、规则、政策、标准、科层权力、书面文件和其他科层机制来规范组织内部门和成员的行为并评估绩效。层级控制是多数中型和大型组织最基本的控制方式。常见的层级控制方法有预算控制、审计控制和财务控制。

（1）预算控制。预算控制就是根据预算规定的收入与支出标准来检查和监督各个部门的生产经营活动，以保证各种活动或各个部门在充分达成既定目标、实现利润的过程中对经营资源进行有效利用，从而使成本费用支出受到严格有效的约束。作为一种控制手段，预算控制是通过编制和执行预算来进行的。

（2）审计控制。审计控制是指对反映组织资金运动过程及其结果的会计记录及财务报表进行审核、鉴定，以判断其真实性和公允性，从而起到控制的作用。审计是一项较独立的经济监控活动。审计包括外部审计和内部审计。外部审计是由组织外部的机构（如会计师事务所）选派审计人员对组织财务报表及其反映的财务状况进行独立的检查和评估。内部审计是由组织内部的机构或由财务部门的专职人员独立进行的，其目的是为组织内部控制提供一种手段，以检查和评价各项控制的有效性。

（3）财务控制。财务控制是指对企业的资金投入及收益过程和结果进行衡量与校正，以确保企业目标以及为达到此目标所制订的财务计划得以实现。财务控制通常对企业的偿债能力比率、盈利能力比率、营运能力比率进行分析与控制。

2. 市场控制

市场控制是指组织借助经济的力量，通过价格机制来规范组织内部门（单位）和员工的行为。市场控制的动因是企业内部组织管理成本过高。市场控制的原则是：把组织建设成为由内部企业组成的机构；用市场的机制代替直接的命令来管理组织；在内部市场中鼓励集体的合作精神。市场控制可分以下三个层次。

（1）公司层。在公司层次上，市场控制通常用于规范独立的事业（业务）部门，每个事业（业务）部门都是利润中心，企业高层管理人员一般使用盈亏指标对事业（业务）部门进行绩效评估。

（2）部门层。部门层次上的市场控制表现为公司内部交易。转移定价就是企业运用市场机制调整内部交易的一种方法。

（3）个人层。个人层次上的市场控制常常表现为激励制度和工资制度。

3. 团体控制

团体控制是指将个体融入团体之中，将个人的价值观与组织的价值观和目标相统一，通过团体的共同行为范式来实现组织成员的自我约束和自我控制。团体控制主要来自组织成员和工作性质的变化、控制环境的变化、雇佣关系的变化。组织文化是团体控制的基础。有效的团体控制需要构建创新的组织文化，创建响应顾客需求的文化，创建良好的职场精神。

（1）组织成员和工作性质的变化对团体控制产生深远的影响。随着员工的变化，组织需要不断调整和适应，以确保新成员也能够遵循相同的价值观和行为准则。工作性质的变化可能要求组织重新评估其团队协作和控制机制，以适应新的挑战和机会。

（2）控制环境的变化也对团体控制构成挑战。外部因素如市场竞争、法规和技术进步都可能对组织产生影响，导致需要调整组织的目标和策略。在这种情况下，团体控制需要能够灵活地适应新的环境，同时保持对核心价值观的坚守。

（3）雇佣关系的变化是团体控制的关键环节。在现代企业中，全职员工、兼职员工、合同工和临时工等不同类型的雇佣关系交织在一起，形成了多元化的劳动力市场。为了应对这一多样性，企业必须根据不同雇佣形式的特性来制定有效的人力资源管理策略。这样不仅能够激发员工的潜力，而且还能确保他们与企业的长期发展目标保持一致。此外，企业在制定这些策略时还需注意合法性和合规性，以避免潜在的法律问题。通过不断调整和完善人力资源管理，企业能够为自身创造更大的商业价值。

（4）团体控制的一个基本前提是组织文化。组织文化是组织的核心价值观、信仰和行为准则的反映，它为成员提供了共同的框架，以便他们能够理解组织的期望和目标。有效的团体控制需要建立一种创新的组织文化，这种文化鼓励成员参与创新和改进，同时也需要创建一个积极响应顾客需求的文化，以确保组织能够适应不断变化的市场。

（5）良好的职场精神也是团体控制的关键要素。这包括建立一个积极的工作环境，鼓励员工之间的协作和支持，以及提供培训和发展机会，以提高员工的能力和士气。积极的职场精神可以促进团队协作，增加成员之间的互信，从而更容易实现自我约束和自我控制。

第三节　经济管理专业的学科介绍

经管，包括经济学与管理学两大学科门类，其中主要专业如下。

一、经济学门类

经济学门类包括经济学、财政学、金融学、经济与贸易四大学科类别。

（一）经济学

经济学是一门研究人类经济行为和社会经济运行规律的学科。它涵盖了从微观经济学到宏观经济学，从理论经济学到应用经济学的广泛领域。

在经济学的学习中，学生将接触到各种经济学原理、模型和方法，包括供需理论、市场结构、货币政策、国际贸易、经济增长等。这些知识不仅有助于学生了解经济现象和问题，还有助于他们在职业生涯中做出明智的决策。

经济学专业的学生通常会学习微观经济学、宏观经济学、计量经济学、国际经济学、财政学、统计学等核心课程。此外，他们还可以选择一些跨学科的课程，如金融学、管理学、市场营销等，以扩展自己的知识领域。

经济学专业的毕业生在就业市场上具有广泛的适应性。他们可以在政府机构、金融机构、企业、学术界等领域找到工作。例如，经济学家、金融分析师、市场分析师、政策顾问等职业都是基于经济学的知识和技能。

（二）财政学

财政学是研究财政现象和问题的一门学科，它的研究范围包括公共财政、税收、社会保障、预算、财政政策等问题。公共财政主要研究政府支出的规模、结构和效益等问题，税收则主要研究税收的制度、税制改革、税收负担等问题。社会保障则主要研究社会保障制度的建立、完善和改革等问题，预算则主要研究政府的预算编制和管理等问题，财政政策则主要研究财政政策的目标、工具和实施效果等问题。

（三）金融学

金融学是研究金融市场和金融机构的一门学科，研究范围包括金融数学、金融学、保险学、金融工程、信用管理、投资学、经济与金融等。金融市场主要研究市场的结构、运作机制和风险等问题，金融机构则主要研究金融机构的类型、业务和管理等问题。投资则主要研究投资决策、投资组合理论和风险管理等问题，风险管理则主要研究风险的识别、评估和控制等问题。

（四）经济与贸易

经济与贸易是研究经济全球化和发展的一门学科，它主要研究国际贸易、国际金融、国际投资等领域的经济现象和问题。随着全球化的深入发展，经济与贸易领域的知识和技能变得越来越重要。

经济与贸易专业涵盖了宏观经济学、微观经济学、国际经济学、国际贸易、国际金融、汇率政策、市场营销等众多领域的基础知识和应用技能。学生将学习如何运用经济学原理和模型来分析全球贸易体制、国际金融市场、跨国公司决策等复杂问题。

该专业通常分为两个方向：国际贸易和国际金融。国际贸易方向注重研究国家之间的贸易关系、贸易政策、贸易壁垒等，而国际金融方向则关注货币市场、外汇市场、资本市场等领域的国际经济问题。

经济与贸易专业的毕业生具备丰富的国际视野和跨文化交流能力，能够在全球范围内的政府机构、金融机构、跨国公司、国际组织等领域从事相关工作。例如，国际贸易专员、国际商务谈判代表、国际市场分析师、外汇交易员等职业都需要具备经济与贸易的专业知识和技能。

二、管理学门类

管理学门类包括管理科学与工程类、工商管理类、农业经济管理类、公共管理类、图书情报与档案管理类、物流管理与工程类、工业工程类、电子商务类、旅游管理类等类别。

（一）管理科学与工程类

管理科学与工程类是一个关注如何有效地组织、规划和控制资源以实现组织目标的学科领域。这个类别包括诸如运筹学、决策科学、信息管理等专业，这些专业强调运用数

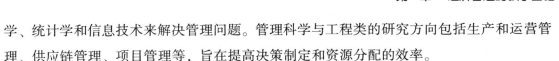

学、统计学和信息技术来解决管理问题。管理科学与工程类的研究方向包括生产和运营管理、供应链管理、项目管理等，旨在提高决策制定和资源分配的效率。

（二）工商管理类

工商管理类是一个广泛的学科类别，着重于组织内部的管理和商业运营。这个领域包括市场营销、人力资源管理、战略管理、会计、金融等专业领域。工商管理专业的学生学习如何管理组织，以实现营利性或非营利性目标，同时也关注市场趋势、竞争策略和创新。

（三）农业经济管理类

农业经济管理类关注农业部门内的管理和经济问题。这个学科领域包括农业生产、资源管理、市场分析、农村发展等方面的研究。农业经济管理专业的学生通常学习如何管理农场、农业企业以及农村社区，以提高农业部门的效率和可持续性。

（四）公共管理类

公共管理类关注政府和非营利组织的管理。这个学科领域包括公共政策制定、公共财政、行政管理、社会政策等方面的研究。公共管理专业的学生学习如何管理公共资源，推动政府政策的制定和执行，以及解决社会问题。

（五）图书情报与档案管理类

图书情报与档案管理类着重于信息组织和管理。这个领域包括图书馆学、信息科学、档案学等专业，它们关注信息的获取、分类、存储和传播。专业人员在图书馆、档案馆、信息机构等地工作，以确保信息资源的可访问性和可持续性。

（六）物流管理与工程类

物流管理与工程类关注物流和供应链管理。这个学科领域包括库存管理、运输、供应链优化、物流系统设计等方面的研究。物流管理专业的学生学习如何高效地管理物流过程，以确保产品和服务的及时交付。

（七）工业工程类

工业工程类关注如何提高生产和运营效率。这个学科领域包括工程管理、生产规划、质量控制、供应链优化等方面的研究。工业工程专业的学生学习如何设计和改进工作流程，以提高生产力和质量。

（八）电子商务类

电子商务类关注在线商务和数字化营销。这个领域包括电子商务战略、网络市场营销、电子支付等方面的研究。电子商务专业的学生学习如何在数字时代运营在线企业，推动电子商务的发展和创新。

（九）旅游管理类

旅游管理类关注旅游和酒店管理。这个学科领域包括旅游规划、酒店经营、旅游市场营销等方面的研究。旅游管理专业的学生学习如何提供卓越的旅游和酒店服务，以满足旅客需求和推动旅游业的增长。

总之，除上述学科以外，经济管理专业的学科也会随着经济的发展不断更替，以适应不断变化的市场需求和经济环境。

第四节　教学与教学理论诠释

一、教学的概念

教学是由教师的教和学生的学所组成的一种人类特有的人才培养活动。在教学活动中，教师有目的、有计划、有组织地引导学生按照人才培养目标进行学习，从而促进学生掌握文化科学基础知识和基本技能，提升学生多方面的综合素质，使他们成为社会所需要的人。

第一，教学是知识传递的手段。在教室中，教师通过言语、文字、图像等多种方式，将自己所掌握的知识传授给学生。这个过程不仅包括知识的传递，还包括对知识的解释、拓展和应用。教师应该具备丰富的知识储备，以便有效地传授给学生。

第二，教学是思维塑造的工具。教育不仅仅是知识的灌输，更是对学生思维能力的培养和引导。通过提问、讨论、解决问题等方式，教师可以帮助学生形成批判性思维、创造性思维和解决问题的能力。教学应该激发学生的好奇心，鼓励他们主动思考和探索。

第三，教学是技能培养的平台。教育不仅仅是知识的获取，还包括技能的培养。教师

应该指导学生掌握各种与学科相关的技能，如写作、计算、实验、表达等。这些技能在学生未来的职业生涯中将发挥重要作用。

第四，教学是价值观的传承者。教育不仅仅是知识和技能的传递，还涉及价值观念的培养。教师在教学中应该注重培养学生的道德观念、社会责任感和公民意识。教育的目标不仅仅是培养专业人才，还包括培养有社会责任感的公民。

二、教学模式的含义

教学模式是在一定教学思想或教学理论指导下建立起来的较为稳定的教学活动结构框架和活动程序，是基于教学的整体考虑，根据教学规律在教学实践中归纳提炼出的包括教学形式和方法在内的，具有典型性、可行性的教学样式。作为结构框架，突出了教学模式从宏观上把握教学活动整体及各要素之间内部的关系和功能；作为活动程序则突出了教学模式的有序性和可操作性。

教学模式一般是某种教学理论或教学思想的反映，是在一定教学理论指导下的教学行为规范。不同的教学模式往往基于不同的教学理论。例如，乔伊斯和伊尔的"概念获得模式"的理论依据是认知心理学的教学理论，目的是帮助学生有效学习新概念；而互动教学模式是以建构主义学习理论为理论基础的，互动式教学的目的就是要构建一个互相尊重、信任和平等的学习氛围，让师生在双向沟通、相互合作中加深对新概念的理解。教学模式结构一般包含如下因素。

第一，主题。教学模式的主体因素指教学模式赖以成立的教学思想或理论。主题因素在教学模式结构中既自成独立的因素，又渗透或蕴含在其他因素之中，其他因素都是依据主题因素而建立的。

第二，教学目标。任何教学模式都是为完成一定的教学目标而创立的。教学目标在教学模式结构中处于核心地位，对构成教学模式的其他因素有着制约作用，它决定教学模式的操作程序和师生在教学活动中的组合关系，也是教学评价的标准和尺度。

第三，条件。条件因素指完成一定的教学目标，使教学模式发挥效力的各种条件。任何教学模式都是在特定的条件下才能有效的。条件因素包括教师、学生、场地、教材、工具、时间等。

第四，操作程序。任何教学模式都有一套独特的操作程序，详细具体地说明教学的逻辑步骤以及各步骤完成的任务等，它规定了在教学活动中教师和学生先做什么，后做什么。例如：杜威提出的实用主义教学模式结构的操作程序分为情境、问题、假设、解决、验证五个阶段或步骤。

第五，教学评价。教学评价是指各种教学模式用于检验是否完成教学任务、达到教学目标的评价方法和标准等，是教学模式的一个重要因素。由于不同教学模式完成的教学目标、使用的程序和条件不同，因而评价方法和标准也就不同。所以一个教学模式一般要规定自己的评价方法和标准。

以上五个因素相互依存、相互作用，构成一个完整的教学模式。一般来说，任何教学模式都要包含这五个因素，至于各因素的具体内容，则因教学模式的不同而不同。

三、典型的教学理论

（一）程序教学理论

程序教学理论强调通过系统化的方法来教授和学习，侧重于个体化学习和积极地反馈。

1. 行为的类型

（1）刺激性条件反射。由刺激情景引发的反应，是一种不随意的行为，称为刺激性条件反射，又称为"反射学习"，刺激性条件反射只能用来解释基于应答性行为的学习。

（2）操作性条件反射。不是由刺激情景引发的，而是机体的自发行为，是随意或有目的的，被称为操作性条件反射，又称为"操作学习"，根据这个原理，教学的目的就是提供特定的刺激，以便引起学生的特定反应，所以教学目标越具体、越精确越好。

2. 强化理论

强化就是通过强化物增强某种行为的过程，而强化物就是增加反应可能性的任何刺激。斯金纳认为凡是强化，其结果都会带来行为概率的增加。反之，提高反应概率的任何事件都可以起强化作用，强化物也就不一定是一种令人愉快的刺激。而且，在一种情境中起强化作用的刺激，在另一种情境中并不一定会起强化作用。同样，对某一对象起强化作用的刺激，对另一对象并不一定起强化作用。根据这一原理，形成了一种相依组织的教学过程，这种教学过程对学习环境的设置、课程材料的设计和学生行为的管理做出系统的安排。

3. 程序教学法

程序教学法是根据强化作用理论而产生的。程序教学是指将各门学科的知识按其中的内在逻辑联系分解为一系列的知识项目，然后让学生按照知识项目的顺序逐个学习每一项知识，及时给予反馈和强化，使学生最终能够掌握所学的知识，达到预定的教学目的。

（二）认知结构教学理论

认知结构教学理论是旨在培养学生的发现能力和创造能力的理论。该理论强调学生的知识学习要掌握学科的知识结构，而知识结构则主要是由基本概念和基本原理构成的。

1. 学习的基本结构

学习的基本结构的优势：第一，如果学生知道了一门学科的基本结构或它的逻辑组织，就能理解这门学科。第二，如果学生了解基本概念和基本原理，有助于学生把学习内容迁移到其他情景中去。第三，如果把教材组织成结构的形式，有助于学生记忆具体细节的知识。第四，如果给予学生适当的学习经验和对结构的合理陈述，即便是年幼儿童也能学习高级的知识，从而缩小高级知识与初级知识之间的差距。

2. 学习的过程

学习的过程包括：第一是新知识的获得，由于新知识往往同一个人以前的模糊或清晰的知识相违背，或是它的一种代替，故新知识的获得是对先前知识的重新提炼；第二是转换，这个过程使所获得的知识整理成另一种形式以适合新任务，转换包含了处理知识的各种方式，目的在于学到更多知识；第三是评价，即检核与估计知识的正确性。学习任何一门学科通常有一连串的情节，每个情节都涉及获得、转换、评价三个过程。

3. 发现学习

发现学习，是一种引导学生主动参与、积极探索的学习方式，它有着深远的教育价值。这种教育方法能够激发学生的智慧潜能，激发他们的求知欲望，培养他们的观察力和思考力。通过自己亲身经历的发现，学生能够更深刻地理解知识，而且这种知识更容易牢固记忆。因此，发现学习是培养创造力和解决问题能力的有效途径。

当学生亲自发现知识时，他们不仅仅记住了知识点，还深刻体验到了知识的来龙去脉，明白了为什么这些知识对他们重要。这种深刻的理解将激发他们对知识的热情，使他们更有动力去探索更多的领域。而且，通过发现学习，学生还能够培养自主学习的能力，他们懂得如何查找和筛选信息，如何提出问题和解决问题。

更重要的是，发现学习培养了学生的创新能力，这对将来从事科学发现和技术发明至关重要。科学家和发明家都是那些具有强烈求知欲望和创新精神的人，他们不满足于现有的知识，而是勇敢地去探索未知领域，去发现新的事物。发现学习正是培养了这种勇气和能力。因此，发现学习不仅仅是一种教育方法，更是一种培养未来领袖和创新者的重要途径。通过发现学习，学生将不断积累发现的经验和方法，这将成为他们未来成功的宝贵资本。所以，教育者应该鼓励和支持发现学习，让学生在自己的探索中茁壮成长，为社会的发展和进步贡献自己的力量。

（三）非指导性教学理论

1. 非指导性教学理论的要点

（1）学生中心。学生是自己学习的主体，他们具有内在的动机和潜能，教师的角色是引导和支持学生的学习过程。这种学生中心的方法鼓励学生积极参与学习，自主探索知识。

（2）自我实现。每个人都有自我实现的欲望，即追求个人潜能的内在动力。非指导性教学的目标是帮助学生实现他们的自我潜能，而不是简单地传授知识。教育应该提供一个支持学生成长和发展的环境。

（3）真实性和坦诚性。教师应该是真实的、坦诚的，与学生建立亲近的关系，以便学生感到被尊重和接受。这种亲近的关系有助于学生更好地表达自己，探索问题，并发展自己的思维。

（4）无条件积极关注。教师应该不论学生的行为如何，都给予他们积极的关注和尊重。这有助于建立学生的自尊心，使他们更愿意接受挑战和尝试新的学习经历。

（5）自我反思和自我评估。该教育理论鼓励学生进行自我反思和自我评估。学生被鼓励思考自己的学习过程，设定个人学习目标，并监测他们的进展。这有助于培养学生的批判性思维和自主学习能力。

（6）自主学习环境。非指导性教学理论倡导创造一个积极的学习环境，允许学生自主选择学习的方式和节奏。这种自主学习环境有助于激发学生的兴趣和动力。

2. 非指导性教学理论的教学阶段

教学阶段包括：①确定帮助的情境，即教师要鼓励学生自由地表达自己的情感；②探索问题，即鼓励学生自己来界定问题，教师要接受学生的感情，必要时加以澄清；③形成见识，即让学生讨论问题，自由地发表看法，教师给学生提供帮助；④计划和抉择，即由学生计划初步的决定，教师帮助学生澄清这些决定；⑤整合，即学生获得较深刻的见识，并做出较为积极的行动，教师对此要予以支持。

（四）教育目标分类理论

教育目标分类理论将教育目标分为认知、情感和动作技能三个领域，每一领域的目标又由低级到高级分成若干层次。教育目标分类理论中的教育目标，也就是学习的结果。

1. 认知领域是教育目标分类理论的核心之一

在认知领域，教育者的主要任务是帮助学生获取知识、理解概念、分析问题和应用所学。这个领域的目标可以分为不同层次，包括以下方面。

第一，知识目标。这是认知领域的基础，要求学生掌握特定的事实、信息和概念。例如，学生可以学习历史事件、科学原理和文学作品。

第二，理解目标。这一层次强调学生理解和解释知识。学生不仅仅是背诵信息，还要能够解释其含义，建立联系和构建概念框架。

第三，分析目标。这要求学生具备分析问题和信息的能力。他们可以分解问题，识别关键因素，并理解信息的结构和关系。

第四，应用目标。这一层次要求学生将所学的知识和技能应用于实际问题和情境。他们需要解决真实世界中的问题，并将理论知识转化为实际行动。

第五，综合目标。最高级别的认知目标要求学生整合不同领域的知识和技能，以解决复杂的跨学科问题。这需要学生具备高度的综合思维和创造性解决问题的能力。

2. 情感领域在教育目标分类理论中也扮演着重要的角色

情感目标强调学生的情感和价值观培养，以及他们与他人的关系。情感目标包括以下方面。

第一，情感意识目标。学生需要了解和识别自己的情感和情绪，以更好地管理和表达它们。

第二，情感表达目标。这一层次要求学生有效地表达情感和情感需求，学会与他人分享他们的情感。

第三，情感调节目标。学生需要学会管理情感和情感反应，以便更好地应对挑战和压力。

第四，情感担当目标。这要求学生对他人的情感和需求表现出关心和同情，建立良好的人际关系和社交技能。

3. 动作技能领域关注的是学生的实际技能和行为表现

这个领域包括以下方面。

第一，技能目标。学生需要掌握特定的技能，如体育技能、音乐技能或手工艺技能。

第二，协调目标。这一层次强调学生协调和控制自己的身体动作，如舞蹈、体操等。

第三，灵活性目标。学生需要培养柔韧性和身体敏捷性，以适应不同的身体动作和环境。

第四，精准度目标。要求学生在执行精细动作时具备精确性，如绘画、乐器演奏等。

这一教育目标分类理论的多层次结构有助于教育者更好地规划课程和评估学生的学习成果。它可以根据不同学生的需求和学科领域进行个性化调整，以确保教育目标的有效达成。通过这种分类理论，教育者能够更好地满足学生的多样化需求，培养他们的认知、情感和动作技能，以应对未来的挑战和机会。

第二章　经济管理教学课程建设研究

第一节　经济管理中的通识教育类课程建设

通识教育类课程是一种广泛的教育课程，旨在培养学生的综合素养，使他们在各个领域都有一定的知识和技能。"推进通识教育是中国大学顺应经济和社会要求、实施全面素质教育的一项重要举措"[①]。这些课程通常涵盖人文科学、社会科学、自然科学和其他领域，旨在帮助学生发展批判性思维、解决问题的能力、跨学科的视野和跨文化的理解。随着研究型教学模式的不断改革与创新，促进通识教育类课程体系的完善，构建以生为本的通识教育创新学习共同体，充分发挥现代信息技术优势，开展通识类在线课程，将育人价值空间拓展的同时，确保课堂教学质量高效提升。

一、经济管理中通识教育类课程建设的必要性

（一）顺应国家提倡现代化教学的需要

现代社会，教育信息化发展已是必然趋势，关于如何实现信息化、现代化便成了重点，这也是很多通识教育类课程在摸索以及完善的关键。随着信息技术与教育体系有效融合，各大院校加快了改革的步伐。互联网在各行各业得到广泛应用，通识教育类课程作为学生需要学习的重点内容，也应该顺应国家现代化教学需求，除了将课程与互联网相通以外，还要切实将网络平台、App 应用到各个环节，形成系统化的教育体系。所以通识教育类课程建设是国家发展对于教育提出的新要求，也是未来发展趋势，是顺应国家号召的需要。

---

① 宋妍. 基于通识教育的经济学课程教学改革研究 [J]. 教育与教学研究，2015，29（11）：80.

（二）提高学生课堂学习效率

通识教育类课程能够在很大程度上促进学生课堂学习效率的提升，引导学生对教师所讲内容进行更好的掌握。高校学生除了要学习专业课程以外，还会涉及必修课、选修课，通识教育类课程是基础，可以运用多种形式、平台、渠道吸引学生注意力，符合当代学生信息获取需求，有利于学生课堂学习效率的提高。

（三）有利于课堂范围的拓展

通识教育类课程传统模式上以课堂教学为主，教学范围较窄，课堂、课下交流机会很少，再加之课程多，教学场地极易受限。在经济管理教学中，一方面学生学习范围得到拓宽，另一方面学生除了能够在课堂中互动以外，还可借助网络平台、学习软件随时随地和教师、同学沟通，无须受到时间、空间的限制，互动频率更高，将课堂延伸至课下，师生可以通过平台在线提问、在线回答，教学效率提高。线上学习、答疑解惑、探讨问题、交流互动和日常生活互融互通，课堂范围得到了拓展。

（四）推进课程体系的不断完善

经济不断增长加快科学技术改进的步伐，经济管理教学中，通识教育类课程也要与时俱进，将课堂教学方式进行改进，形成科学且完善的课程体系。通识教育类课程满足学生学习需求，符合其认知水平，借助多种平台、渠道开展教学，教师通过线上平台便可以对学生学情及时了解，改变传统教学模式。经济管理教师可通过线下对重难点进行讲解，而借助线上平台组织学生学习基础知识，构建了线上结合线下相对完善的课程体系。

二、经济管理中通识教育类课程建设模式

（一）通识教育类课程在线模式

1. 录播

在通识教育类课程中，理论讲解部分多采用的是录播形式。录播是直播前的准备，认真规划课程内容的基础之上，将知识点提炼、分解、总结，构建清晰的课程知识体系框架；借助网易云课程、腾讯课堂等网络平台针对各个知识点寻找优质教学资源，个别知识点也会通过相关软件进行录制、编辑，进而制作成视频，将知识点以视频片段串联，清晰地表达，最终形成此课程的视频资源数据库。授课时将视频播放，学生便可以进行在线学

习。录播模式的优点：可多次反复观看，学习空间拓展，便于学生对重难点知识的深刻理解，教师上课压力得到缓解。

2. 直播

通识教育类课程，也有部分难以理解的理论知识会采用直播形式，零散知识点串联，重难点使用简单浅显的语言进行延伸讲解，也会以板书演示作为辅助，以便于学生更好地理解知识点。直播模式既能够用于理论的讲解，同时也可用于实践的指导，采用直播平台探讨、社交软件、专业教学平台优势，借助提问、随堂训练、话题探讨、课后作业等多种形式，对学生听课成效进行考查。直播优点：可以实时监控学生学习情况；实时互动性强；平台组织形式多样化；可实现实践演示、指导、验收等各个环节。

（二）通识教育类课程建设模式的设计思路

1. 用户管理模块

用户管理模块主要功能是登录验证、课程查询。借助此模块登录验证功能，师生可使用自己的账号快速登录系统。学生账号直接在系统中申请即可，教师账号则由管理员验证，登录以后，学生和教师便可在自己权限范围内查看个人资料，管理课程。课程查询功能中，学生通过此功能查询学习课程，教师则查询自己所负责的课程。

2. 讨论区模块

此模块主要用于课程的交流与探讨，师生实现了异步交流，打破了空间、时间的限制。此模块为师生提供了不同类型的讨论区，例如解答探讨区、热门话题探讨区、标准讨论区等，每一个帖子都包含着诸多附件。在此模块，学生可采用树状、列表等不同形式浏览话题，教师可借助帖子将反馈信息推送给学生。教师可对学生回帖、发帖进行限制，也可向其他讨论区推送话题。各个通识教育类课程实现了优质资源共享，师生间互动性增强，进一步拓展了课堂学习的空间、时间，强化了教学资源可视性，提升了多元性、共享性、交互性。

3. 作业模块

作业模块主要用于教师作业的布置，学生在线完成作业，也可将完成的作业上传。教师针对学生作业完成效果给予打分，及时将批改情况进行反馈。

作业类型主要包括：离线活动项目、单个文件、在线文本、高级文本四种。教师结合教学情况、进度设计作业类型，也可设置提交作业的始止时间，学生要在教师要求的时间段内在线完成作业，并及时上传。此模块可记录学生在线作答、作业上传时间。同时教师设置作业迟交、晚交时限，若教师允许学生迟交，此时模块记录的便是学生实际上传作业的时间。

4. 教学模块

教学模块主要由课程设置、课程学习、视频推荐、直播教学四个单元组合而成。

（1）课程设置。课程设置单元主要由管理人员、教师负责，对不同的视频课程信息进行设置。

（2）课程学习。课程学习单元主要服务于学生，提供指定教学视频观看内容、课程列表查看、关联视频跳转等。

（3）视频推荐。视频推荐单元采用视频推荐模型来推荐视频，此模型视频推荐基于学生学习记录数据、课程评价数据，采用协同过滤算法抽象出用户喜好模型、课程特征模型，借助推荐算法将符合学生喜好的视频课程进行推荐。

（4）直播教学。直播教学单元可实现多个直播房间的同时设置，每一个房间均有一名教师负责，对于直播间内参与课程学习的学生无数量要求，而且学生可以在各个直播间自由切换。

5. 在线考试模块

在线考试模块考试形式由学生自动完成，学生登录在线考试模块以后，通过考试列表选择需要考试的具体科目，在将考试内容完成以后可选择提前交卷或者在系统设置的考试时间自动交卷。在线考试模块中涉及的主要数据有试题表数据、考卷表数据、考试记录表数据。

三、经济管理中通识教育类课程建设的保障措施

（一）提升在线教学智慧化水平

经济管理教学中，通识教育类课程采用线上模式是时代发展的趋势，所以要想达到较好的教学效果，就需要促进在线教学智慧化水平的提升，具体可以从以下四方面做起。

第一，平台功能要不断进行优化，实现平台实用性、流畅性的增强，比如直播视频更流畅，界面设计简单大方，课程通知方便快捷，师生高效互动等。

第二，智慧计算要不断强化，借助大数据优势分析学情，自动生成学生学习信息，教师结合数据及时调整课程内容。

第三，以大数据为依据强化智能诊断、优质资源整合及推送、学习辅导等，助力学生

个性发展。

第四，过程考核智能化的不断完善，结合课程性质的不同，构建基于课堂讨论、课题任务、线上抢答、实践操作等不同形式的考核，设计合理的比重，促进教学目标的达成。

（二）丰富线上课程资源

经济管理教学中通识教育类课程的有效实施基于网络平台中的课程资源、教师录制的视频，所以线上课程资源是保证通识教育类课程高效开展的基础。在对线上平台教学资源进行丰富以及完善的过程中，教师要将资源进行合理分类，不管是基础知识教学视频的录制，还是实践直播教学网络信息的收集，都应该保证与教学内容的匹配，同时还要凭借教学经验，结合教学内容，对题库的试题进行不断充实。除此之外还应将全部学生信息按照不同班级导入平台，确保每一位学生在课堂中都能够高效使用这些资源。

通识教育类课程结束以后，线上平台会对所学章节测试题进行收集整理，以便充分了解学生知识掌握程度，易出错题会呈现出来，此时学生便可以清晰地看到自己掌握题目有哪些，未掌握题目有哪些，针对做错的题目及时纠正，如对题目有疑问，学生可借助平台和教师及时沟通，巩固知识点。在每一次考试前，学生可通过平台反复做测试题，平台也可以将期末模拟试题发布，完成在线考试及模拟。有了前期多次模拟，学生掌握了多种题型，对考试模式更加熟悉，机考的时候也可以更加顺利地通过。此考核方式，使教师教学更加方便，学生学习更加高效。

（三）线上线下教学模式相结合

第一，教师可根据通识教育类课程每一个教学专题，在上课之前借助学习通平台完成学习任务的布置，将思考题进行发布，引导学生做好课前预习，对教学内容有一个初步的了解。在分配好线上学习任务以后，每一个学习小组都要通过学习通将学习任务完成。线上任务完成以后，教师可结合学生任务完成的具体情况，及时督促未完成的学生，收集整理学生遇到的难题，课堂中针对性地进行讲解，如果学生通过学习通平台学习时存在方向性错误，此时教师可以第一时间纠正，给予正确引导，此教学模式将翻转课堂教学优势充分发挥出来。

第二，线上线下相结合，通识教育线上课程并非完全与课堂脱离，而是要选择恰当的时机与课堂教学融合，激发学生学习兴趣。例如线下教学过程中，教师可要求学生对线上教学内容进行复习，提出问题，线上疑问转移至课堂中，促进学生线上结合线下应用能力的培养。除此之外，各个小组在进行问题探讨以后可由组长作为代表针对线上讨论的问题发言或者总结，小组间交流、沟通、互动，课堂氛围更加活跃。在互动学习中，学生借鉴他人不同的学习方法、想法，促进自我能力的提升。

第三，借助线上平台完成学习考勤。通识教育类课程平台考勤形式多样化，比如签到、二维码、位置、手势等。二维码考勤方便快捷且趣味性较强，每隔十秒便会更新一次，使考勤变得更加有趣，改变了原来点名式枯燥乏味的签到模式，学生兴趣以及积极性将会大幅度提高。发位置考勤中，当平台显示学生位置不在教室，教师便能够在第一时间发现此学生缺勤。手势考勤中，学生会感觉是在完成手机解锁操作，投屏中也会将已签到的学生名单、未签到的学生名单一一列出，一目了然，在学生看到自己名字时，获得感油然而生，内心深处会有一种喜悦，整堂课听课的效果也会非常不错。

第四，通识教育类课程教学时，也可通过线上平台针对问题进行探讨，每一位学生均有机会回答线上讨论的话题，采用投屏形式展示学生的答案，学生间可相互借鉴，互相学习，扬长避短，并通过词云的高效分析功能，将答案中出现频率最高的词汇显示出来，在学生看到自己的答案也在最高频率词汇中时，学习兴趣被激发，学习自信心增强。

第二节　基于任务驱动的经管类数据库课程建设

一、任务驱动的内涵与应用意义

（一）任务驱动的内涵

任务驱动是把教学任务分解、细化到课程知识点中，对统计学固有的基础知识点进行逻辑组合，依据知识点的内在联系组合设计形成阶段任务，并随着知识点的积累逐步提升任务的综合性，从而驱动学生主动学习，不断挖掘，达到最终的教学目标。

第一，知识点教学目标的明确性。在任务驱动的前提下，将每一章节的教学任务根据知识点的内在逻辑、与前后章节知识点之间的联系，分解、组合、设计生成若干个具体任务。各项任务不仅在内容上有层次间的递进关系，更是对整个统计学知识体系的完整逻辑诠释。

第二，教学目标的可操作性。课程教学目标是课程教学的方向与导引。任务驱动的实现，依赖于教学目标的可分解性与可操作性。将课程教学目标分解到各章节知识点上，统计学知识体系的内在逻辑关系更加清晰，同时，各知识点的罗列与组合更有层次感，学生更加容易贯通掌握。

第三，学习的自主性。每个任务都是一个独立的知识点或者是一些知识点的逻辑综合，学生通过任务引导完成对统计学知识点与知识体系的逐步展开学习，有利于培养学生自信心，提升应用感知，提高学习兴趣，实现统计抽象理论方法的落地化。同时，具体化的任务实施，将更多的课堂讲授重点转移到了统计分析技能的培养上，更容易发现问题并及时调整，更好地控制教学进度。

（二）任务驱动的应用意义

任务驱动是一种在各个领域中都具有广泛应用意义的方法。它将工作、研究和生活的方方面面都联系到实际任务的完成上，从而推动了进步和创新。

第一，教学领域。"任务驱动教学法能够把传授知识的传统教学转变为以完成任务为主的互动式教学，并且符合学生认知与学习规律。"[①] 这种方法有助于培养学生的问题解决能力、创造力和批判性思维。学生通过完成任务，可以更好地理解知识和将其应用到实际情境中。

第二，职业发展。在职业领域，任务驱动方法有助于员工明确工作目标，并将工作分解为具体的任务和项目。这样可以提高工作效率，使团队更有组织性和目标导向。员工也可以更容易地看到他们的工作如何与组织的目标相互关联。

第三，科技创新。任务驱动方法在科技领域中起着关键作用。软件开发、工程设计和科学研究都采用这种方法，通过将项目分解成各种任务和子任务，以实现复杂的目标。这有助于提高项目管理和资源分配的效率。

第四，日常生活。任务驱动方法可以帮助人们更好地组织日常生活。通过设置明确的任务和目标，人们可以更容易地完成任务、提高时间管理和减少拖延。任务管理工具和应用程序也成为现代生活的重要一部分，使人们更容易追踪和管理任务。

第五，创业。在创业领域，任务驱动方法有助于企业家将大目标分解成小的可行任务。这有助于降低风险，提高成功的机会。通过不断迭代和完成任务，创业者可以更好地发展业务并吸引投资。

第六，项目管理。任务驱动方法对项目管理至关重要。它有助于项目经理和团队成员明确任务、分配资源和跟踪进度。这有助于避免项目延期和超支，提高项目交付的质量。

---

① 吴雪，胡发刚，邓琪. 任务驱动教学法在营销专业实践能力培养中的应用研究 [J]. 长沙大学学报，2013，27（04）：145.

第七，个人成长。任务驱动方法有助于个人成长和自我改进。通过设定个人目标和任务，人们可以不断提高自己的技能、知识和能力。这种方法有助于实现个人愿望和梦想。

二、基于任务驱动的经管类数据库建设措施

数据库是现代经济管理的核心工具之一。随着信息技术的不断发展，数据库的作用越来越重要，成为组织和企业管理的重要支持系统。任务驱动的经济管理类数据库的建设是一项重要工作，它能够为管理者提供有效的决策支持和数据分析工具，从而提高管理效率和决策的准确性。

第一，明确定义任务和目标。任务驱动的数据库建设的第一步是明确定义组织的任务和目标。这意味着需要深入了解组织的运作方式、业务流程和管理需求。通过与不同部门和利益相关者的沟通，可以收集各种任务和目标的信息，包括数据的类型、频率和重要性。这将有助于建立一个清晰的任务地图，确定数据库需要支持的任务和目标。

第二，数据采集和整合。一旦任务和目标明确，接下来就是数据的采集和整合。这包括确定数据的来源，确保数据的准确性和一致性，以及将不同数据源的信息整合到一个统一的数据库中。数据采集可以通过各种手段实现，包括手动输入、自动化数据采集工具和第三方数据提供商。整合数据的过程需要确保数据能够被有效地检索和分析，以满足各种任务的需求。

第三，数据库设计和架构。数据库的设计和架构是任务驱动数据库建设的关键步骤。在这一阶段，需要确定数据库的结构、表格和字段，以支持各种任务和目标。合适的数据库设计可以提高数据的可用性、可维护性和性能。此外，需要考虑安全性和备份策略，以确保数据的安全和可靠性。

第四，数据分析工具和报告。数据库不仅需要存储数据，还需要提供数据分析工具和报告功能，以支持管理决策。这包括开发查询工具、数据可视化工具和生成报告的机制。这些工具可以帮助管理者从数据库中提取有价值的信息，用于决策制定和问题解决。

第五，培训和支持。一旦数据库建设完成，还需要培训组织内的员工，确保他们能够有效地使用数据库和相关工具。培训可以包括数据库查询、报告生成和数据分析技能的培训。此外，需要建立支持系统，解决在使用数据库过程中出现的问题和挑战。

第六，监测和持续改进。任务驱动数据库建设不是一次性的工作，而是一个持续改进的过程。组织需要建立监测机制，以跟踪数据库的性能和数据的质量。定期审查任务和目标，以确保数据库仍然满足组织的需求。如果发现需要改进，就需要及时采取行动，进行数据库的更新和优化。

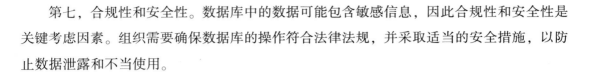

第七，合规性和安全性。数据库中的数据可能包含敏感信息，因此合规性和安全性是关键考虑因素。组织需要确保数据库的操作符合法律法规，并采取适当的安全措施，以防止数据泄露和不当使用。

第三节　经济管理中的学科基础类课程建设

一、经管类学科基础课程的特征与定位

（一）经管类学科基础课程的特征

学科基础课是某一特定学科的基础性课程，为进一步学习该学科其他课程提供宽厚基础。每一学科都有相应的学科基础类课程，例如，机械工程学科的力学、社会学学科的社会学等。经管类学科基础课程包括管理学学科的管理学原理、人力资源管理、市场营销等，经济学学科的微观经济学、宏观经济学、政治经济学等。在经济管理教学环节中，学科基础课在人才培养和学生的知识构架中占有非常重要的地位。它不仅为后续专业课程提供基础知识背景与框架，更重要的是使学生具有本学科领域内扎实的基础、合理的知识结构、终身自我发展和开拓的能力，培养学生进行科学研究的基本素质、科学的思维方法及创新能力。

经济管理教学中学科基础类课程具有自身的一些特征：第一，在课程体系中，学科基础类课程是先导课，为后续专业课程提供基础。第二，在内容结构上，学科基础类课程具有知识领域宽广、理论内涵深厚的专业特质，教学内容多，课时量大。第三，在教学组织方面，学科基础类课程一般在高校第一年、第二年开设。而且，由于开设面广，大多采用大班授课方式。

经济管理学科的基础课程展现出一些独特的特质，使其在众多学科中脱颖而出：①经济管理专业的核心在于培养人才的"软实力"，这意味着在面对问题时，解决方案并非非黑即白，而是需要具备开放性和灵活性。②该领域的理论知识更新速度极快，要求学生必须时刻保持对最新学术发展的敏感度和关注度。③经济管理学科强调将理论应用于实践的能力，这要求学生必须具备出色的分析、判断和决策能力。④经济管理学科与其他学科的交叉融合十分紧密，这种融合不仅带来了新的方法和视角，也扩展了研究领域。⑤经济管理学科的知识应用范围广泛，几乎涵盖了所有领域，为学生提供了丰富的职业选择机会。

⑥经济管理学科注重培养学生的创新精神、责任感以及国际化视野，通过实践教学、国际化教育和综合素质教育等多种途径来实现这一目标。⑦该学科倡导使用案例教学、讨论式教学等多元化的教学方法，以激发学生的学习兴趣，并培养他们的团队合作精神和批判性思维能力。⑧在评价体系方面，经济管理学科更关注学生的实践能力、创新能力和团队合作精神等多个方面，以确保全面、准确地评估学生的综合素质，并为人才培养提供坚实的保障。

（二）经管类学科基础课程的定位

根据学科基础类课程的特点和应用型人才培养目标，可将高校经管类学科基础课程定位为培养学生经济管理思维方式、进一步学习经管类专业课程的基础性课程和运用经济管理方法分析、解决实际问题的应用性课程。

1. 基础性课程

（1）在课程本身的基础性特征上，例如，管理学原理、微观经济学等学科基础类课程就为后续诸如旅游概论、酒店管理等专业课程的学习奠定基础，对衔接后续专业课程起到了基础作用。具体来说，学科基础类课程的知识结构、教学方法和考评方法等方面要体现与专业课程、专业知识的衔接。

（2）学科基础类课程是培养学生学科直觉、学科思维方式和专业兴趣的重要载体，对于经管类专业来说，管理学、经济学等学科基础类课程对培养学生创新创业意识和能力非常重要。

2. 应用性课程

经管类学科基础课程的组织与实施应体现应用型人才培养的要求上，强化学生运用经济管理知识观察、分析与解决实际问题的能力。在教学内容的选择上，应强调适应地方经济社会发展需要，突出应用服务，把理论知识侧重于应用，把案例贴近专业与行业实践。在教学方法、考评方法的选择上，要结合经管类专业人才培养多样性、综合性和复合型特点，注重教学过程对学生综合实践能力的培养。

二、经管类学科基础课程教学改革

课程是人才培养的重要载体、手段和途径，经济管理教学中，学科基础类课程在人才培养和学生的知识构架中占有非常重要的地位，它不仅为后续专业课程提供基础知识背景与框架，更重要的是在培养学生具备本学科扎实的基础、合理的知识结构、终身自我发展和开拓的能力等方面扮演着非常重要的角色。为充分发挥学科基础类课程应有的价值，对经管类学科基础课程教学改革进行系统研究显得很有必要。与专业类课程相比，学科基础类课程具有知识领域宽广、理论内涵深厚、教学内容多、课时量大和开设面广等特征。具体到经管类学科基础课程，还具有人才培养侧重"软实力"、理论知识更新快、考核强调综合能力等一些与其他学科不一样的特征。

（一）经管类学科基础课内容体系的重构与优化

教学内容是提高教学质量与人才培养的核心因素。经管类学科基础课程的基础性和应用性特点，决定了课程内容的选择既要考虑为后续课程学习打下基础，又要面向产业实际需要，要实现理论与实践相结合以及知识供给与社会需求相结合。为实现学科基础类课程的基础性与应用性功能，应将传统本科中学科性的理论再根据专业的特点进行精练处理，以提高教学内容的针对性，既要为后续专业课提供理论支撑，又要强调理论的应用价值，立足于满足社会需求。在精讲理论和方法的同时，应与它们在后续课程以及专业的具体应用环境和案例相结合，实现教学内容与专业课程、产业应用的有效集成。

1. 教学内容与专业课程集成

在应用型人才培养目标指引下，学科基础课的教学内容应与后续专业课程相结合。可按课程群、知识模块，系统梳理、全面整合教学内容，以案例和行业实际问题为导向，推进学科基础课与专业课之间教学内容的紧密衔接。这样有利于让学生感受所学内容在专业学习中的地位和作用，认识学科基础类课程对后续专业课程的基础性功能，提高学习的目的性和针对性。

课程内容选择与课时分配要兼顾专业学习的阶段性与系统性，学科基础类课程的知识跨度要考虑低年级学生的实际情况与接受程度，也应与专业学习目标相一致。

2. 教学内容与市场应用集成

高校经济管理教学的学科基础类课程，应兼顾理论性和实践性。课程内容的选择既要结合社会和行业的实际需要，又要兼顾对后续专业知识学习的理论指导。理论知识的学习要与专业的具体应用环境和案例相结合，在精讲理论的同时，更重要的是让学生掌握理论使用方法，学会用理论去指导实践。

经济管理教学可以以项目管理、岗位任务为载体，构建模块化知识体系，促进教学内容与市场应用的集成。同时，将新经济、新技术、新模式、新业态融入课程，让学生提前了解社会发展现状与趋势，认识所学知识在未来社会实践中的应用价值，激发他们学习实践的热情和探索创新的激情。

（二）经管类学科基础课教学实施的创新

教学实施是为了使学生更好更快地掌握和运用教学内容中的知识，是影响课程教学效果的重要因素，是实现课程内容体系建设成果的重要保障。学科基础类课程的教学实施要在基础性与应用性功能的指引下围绕教学方式与考核方式两个方面进行改革与创新。

1. 教学方式的改革与创新

学科基础类课程的教学应以基础性和应用性为导向，结合专业特点和社会需求，引入案例教学、研究性教学、体验式教学和模块化教学等多元化教学方式，以促进教师主导地位与学生主体地位的双向互动，激发学生学习兴趣，提高学科理论知识的学习效率，提升培养学生解决分析综合问题的能力。

实践教学是应用型人才培养中的重要部分，经管类专业本身具有很强的实践性，因此，经管类学科基础课程的实践教学尤为重要。基于学科基础类课程理论教学任务重，课时占比大的现实，要丰富实践教学内涵，提高实践教学效率。经管类专业学科基础类课程的实践不仅应包括课堂上的思维风暴和仿真模拟，也应包括课后的社会实践。具体而言，经管类专业基础课的实践教学可划分三个层次：①案例教学实践。通过选取典型案例，为学生仿真一个专业知识的实践场景，让学生身临其境学习经济管理思想，感受经济运行、企业管理各环节的内在实质，引导学生从理论入手，基于问题意识分析具体情景，探究可行的解决途径。②仿真模拟实践，借助计算机软件，为学生提供模拟实践环境，同时，由学生组建虚拟组织，对经济管理活动进行模拟。③课外社会实践，学生到专业实习基地进行实地考察，深入了解经济管理中的实际问题，并运用所学理论，提出解决方案。

充分利用网络技术和信息技术，开发利用"慕课"资源优势，优化学科基础类课程教学方法，增强教学的实效性。慕课具有内容丰富、主题突出和交互性强等特质，而学科基础课存在内容多、授课时间短、知识点抽象、理解难度大等问题。将"慕课"引入到经管类学科基础课程教学改革，利用慕课平台，基于学科基础类课程的基础性与应用性特点，设计与组织基于知识点、问题、项目以及团队、角色扮演等学习活动，有效提高学习兴趣和学习效率，促进学科基础类课程与其他课程的融合。

2. 考评方式的改革与创新

课程考评方式改革是引导、推进人才培养的重要环节。经管类学科基础课程的考评改革要综合考虑经管类专业特点、课程定位和教学内容，并从考评形式、内容、标准等各方面进行系统规划，逐步建立起与经管类应用型人才培养目标相适应、与学科基础类课程特点相契合、与教学方式相呼应的考评体系，形成引领学生自主学习的激励与约束机制。

（1）实现教学与考核、过程与结果的有机结合。教学活动既有完整的过程性，又有鲜明的阶段性，理想的教学效果要靠线路分明的过程性与阶段性逐步培养而成。基于学科基础类课程知识面宽、知识点相对独立的特点，为避免学生前松后紧、学过就忘和期末考定成绩、重理论轻实践的局面，学科基础类课程的考核要把考核与教学融为一体，把过程考评与结果考评相结合，实现"学中考""考中学"。

（2）提高考评的市场适应性与专业适应性。学科基础类课程的考评标准要体现学科基础类课程的基础性和应用性特点，既要考虑对后续专业知识学习的辐射与指引作用，又要考虑经济社会发展需要以及社会对人才的评价标准。

（3）实现个人考核与团队考核相结合。考虑到团队协作在经济与管理活动中的重要性，加强对教学过程中团队的考评。在组团开展的教学活动中，比如团队作业、情景模拟和管理游戏等，既强调对团队表现的考核，又对团员在团队中的表现给予考评。通过这种考核方式，培养学生的团队协作能力。

总之，课程建设是一项系统工程，经管类学科基础课程的改革既需要从功能定位、教学内容和教学实施等各个层面进行系统设计，又要考虑高校对经管类人才培养的定位和社会对经管类人才的需求。

第四节　经济管理中的专业实践课程建设

经济管理中的专业实践课程是一种教育教学活动，旨在帮助学生将所学的理论知识应用到实际经济和管理环境中，以培养他们在职业领域中具备实际操作技能和经验的能力。这些课程通常以帮助学生更好地理解并运用所学的知识。

一、经济管理中的专业实践课程建设的对策

经济管理中的专业实践课程建设要实现实践教学体系创新，确定结合区域地方经济发展特色对经济类、管理类专业人才的需求的基础上的人才培养的目标。在实践课程建设上要以训练学生单个专业单项技能训练+跨专业综合实训+创新创业能力训练为核心，同时探索能够提升学生综合决策能力、提升学生创新能力的实践教学课程体系，并在教学过程中不断进行完善。

（一）构建完善的经管类专业实践课程体系

实践是检验真理的唯一标准，也是检验学生对知识理解、掌握以及实际运用的唯一途径。对实践教学课程体系建设，各大院校都进行了探索。实践性教学体系建设模式是一项创新的教学方式，需要一整套的顶层设计。

第一，开展跨专业综合技能实习，其跨专业性只能由院校领导或教务处组织才能实现。

第二，各个学院再明确单个专业实践课程体系的教学目标。从专业建设的角度来设计单个专业的实践课程。

第三，再到单科课程的单个专业技能训练，由上课教师设计，从而建设全面的直到小点的实践课程体系。课程设计要在明确教学目标基础的条件下再通过开展社会真实对接的创新教学实践课程的实训，解决理论与实际、教学和实用之间脱节的问题，才能培养社会需求的人才。

（二）整合现有实践课程，建设新的平台架构，努力实现多专业共享

基于高级应用型人才培养目标，经管类专业实践课程建设应满足企业要求。实验课程综合性强、企业岗位高度仿真，课程实验需按照企业部门设置进行。课程要求有互动性、角色性、实战性等多种形式实训教学方式。同时为解决目前的经管类各专业实训的单一性和不互通性，还需建设经管类跨专业综合实训课程及其运行平台。

经管类跨专业综合实训课程能够让不同专业的学生学会从其他岗位的角度来观察和思考公司业务的运转，在学习中运用经济学、管理学等专业的方法手段，了解学习到整个企业整个业务流程而不是只从自己的岗位来看问题。唯有这样做，才真正让经管类专业学生看到管理和经济最本源性特征。

（三）经管类专业实践课程设立要以学生为中心的教学方式

以学生为中心的教学方式强调学生学习的主体地位，自我学习和管理，教师起引导作用。在教学实践过程中，到底是以教师为中心还是以学生为中心，是一个有争议的问题。争论问题的最后答案应该要以学生综合能力提高的多少来衡量，用教学的最终目标学生学习的结果来衡量。

实验实践类课程在设计过程中，要以学生为中心主体，教师在教学过程中主要起主导作用。在教学过程中教师负责实训在教学过程中主动激发学生的学习兴趣，引导学生的主

动性，提高实践操作能力，教学全过程中以学生实训活动为主，教师只是课程的组织者和管理者，课程的核心是学生，从而改善实训教学效果。

（四）围绕企业经营管理活动，构建跨专业虚拟教研室

跨专业综合实训课程是指多个专业围绕一个项目共同开展实践教学活动的一种课程组织形式。经管类跨专业实训课程涉及多门专业，需要组建专门的教学团队从事教学工作。教学团队教师专业包括财会专业、经济专业、企业管理专业等。经管类跨专业综合实训课程改变了高校按专业课程设置教研室的做法。跨专业综合实训课程把来自不同经管学院中不同专业的教师，按项目的方式组成虚拟的教研室。这个项目就是经管类跨专业综合实训课程。这样就要求课程以项目管理的科学的方法来管理课程。以经管类跨专业综合实训课程为项目组成的虚拟教研室可以根据教学需要，比如不同专业学生的多少和开课的时间来动态地组织不同的经管类专业的教师，协作完成经管类跨专业综合实训课程教学的各项工作任务。

二、经管类专业实践课程教学体系建设的思考

（一）完善经管类教学体系的重要部分

经济管理类专业的人才培养目标是与现实紧密结合的企业管理人才。现在的学生，即我们的培养对象基本都是从高中直接考上大学，从小重视的是学习书本知识，缺乏对企业的直观认识，不知如何解决实际的管理问题，而传统的"填鸭式"教学观念、教学方法，理论讲解太多，学习效果难以达到要求，学生不知如何运用。因此，经管类专业实践课程教学体系的建立是我们必须面对、必须搞好的重要工作。从教学内容和教学方法上创新经管类专业实践课程教学体系，对改革完善现有的经管类教学体系具有重要作用。

（二）全面创新目标、内容与方法

经管类专业实践课程教学体系的创新，要解决经管类实验课程不够完善的问题，在经管类课程体系中增设仿真模拟课程，让学生身临其境学习先进的经济管理思想，感受企业管理各个环节的内在实质，了解现代社会的需要。

经管类专业实践课程教学体系的创新，通过实际动手、实际操作，在一定程度上解决实践教学环节相对缺乏、学生在大学学习偏重理论而实践能力不足、不能适应社会对经济管理类人才需求的难题，填补经管类学科各专业实践性教学环节的空白，提升学生的经济

管理实践能力。因此必须在目标、内容、方法上全面体现。

1. 全面明确教学体系的目标

教学体系的目标在任何教育领域都至关重要，它们不仅为学生提供明确的方向和期望，还有助于确保他们在未来的职业生涯中成功。在经济管理实践教学中，我们的目标应该是培养学生具备多方面的能力，以便他们能够在不断变化的商业环境中脱颖而出。

（1）实践能力是一个关键目标。学生不仅应该理解理论知识，还应该能够将这些知识应用于实际情况。他们应该能够运用所学的理论知识来解决实际经济管理问题，包括市场分析、财务管理、人力资源管理等方面的问题。这种实践能力使他们能够在真实的商业环境中做出明智的决策，为企业的成功做出贡献。

（2）创新能力也是一个至关重要的目标。经济管理领域不断发展和演变，因此学生需要具备创新思维，以适应新的挑战和机会。我们应该培养学生的创新思维，使他们能够提出新的解决方案，推动经济管理领域的发展。创新能力有助于他们不仅适应变化，还在竞争激烈的市场中脱颖而出。

（3）团队合作能力也是一个不可或缺的目标。在现代商业世界中，几乎没有一个项目或任务是个人完成的。因此，鼓励学生在团队中合作，学会与他人协作，共同实现项目和目标，是非常重要的。团队合作能力有助于培养学生的沟通技巧和领导能力，这些技能在他们的职业生涯中将发挥关键作用。

（4）社会责任感也应该是教学体系的目标之一。强调学生的社会责任感，使他们明白自己的决策和行为对社会和环境的影响，并采取可持续的管理实践。在今天的社会中，企业和管理者被要求更加注重社会责任，学生应该具备这种意识和能力，以推动可持续的商业实践。

2. 内容全面，配备相应的支撑平台

（1）教学内容的全面性至关重要。现代经济管理涵盖众多领域，包括经济学、管理学、市场营销、金融、战略管理等。学生需要深入了解这些领域，以建立坚实的理论基础。此外，跨学科的内容也应该被纳入教学，如信息技术、心理学和法律。这有助于学生更好地理解和解决复杂的经济管理问题，因为这些问题往往不仅仅属于一个领域，而是涉及多个领域的综合性挑战。

（2）为了支持教学内容的传授，建立相应的支持平台至关重要。这些支持平台包括实验室、案例分析、模拟项目和实习机会。

第一，实验室设施。实验室可以提供模拟市场、财务、人力资源等环境，让学生能够

在实际情境中运用所学知识。通过参与实际操作，学生能够培养实际操作能力，更好地理解理论知识的应用，以及在真实环境中做出决策的技能。

第二，案例分析。引入真实案例是培养学生决策和问题解决能力的重要方法。学生需要分析和解决这些实际问题，从而培养他们的分析能力和判断力。案例分析还有助于将理论知识与实际情况相结合，使学生能够更好地应对真实世界的挑战。

第三，模拟项目。模拟项目是另一种重要的支持平台，可以帮助学生在模拟环境中管理和决策。这种项目可以模拟真实的经济管理情境，使学生可以在没有真实风险的情况下积累实践经验。通过参与模拟项目，学生可以学习如何制定战略、管理资源和解决问题。

第四，实习机会。与企业建立合作关系，为学生提供实习机会，是将理论知识应用于实际的重要途径。实习使学生能够在真实的工作环境中学习和实践，了解企业运作的内部机制。这种经验不仅增加了他们的职业竞争力，还帮助他们建立人际关系和职业网络。

综合而言，为了培养出更具综合素质的经济管理专业人才，教育机构需要确保教学内容的全面性，并提供相应的支持平台，如实验室、案例分析、模拟项目和实习机会。这将有助于学生更好地理解和应对复杂的经济管理挑战，为他们未来的职业成功奠定坚实的基础。

3. 方式方法要全面，力求多种途径提高实践能力

在培养学生的实践能力方面，采用多种方式和方法是至关重要的，因为不同学生具有不同的学习风格和需求。这些方法旨在确保学生在实际经济管理领域中具备必要的技能和经验，以便在未来的职业生涯中取得成功。

（1）项目驱动学习是一种有效的方法。通过鼓励学生参与各种项目，他们可以从项目中学到理论知识并将其应用于实际情境。这些项目可以是小组项目、模拟项目或与实际企业的合作项目。通过参与这些项目，学生将能够实践经济管理知识和技能，培养问题解决和团队合作能力。

（2）实践课程也是培养实践能力的有效途径。在这些课程中，学生能够在实际操作中学习，例如进行市场调研、财务报表分析、领导力训练等。这种实际操作使学生能够直接应用他们在课堂上学到的理论知识，加深他们的理解并提高他们的技能水平。

（3）教师制度可以提供个性化的指导，帮助学生制订个人发展计划和实践项目。通过与教师的密切合作，学生可以得到宝贵的建议和指导，以确保他们的实践能力不断提高。教师可以帮助学生设定目标、解决困难，并提供实际经验的建议。

（4）跨学科合作也是培养实践能力的重要方法。鼓励学生与其他专业领域的学生一起合作，以解决复杂的问题，有助于培养综合素质。在跨学科的环境中，学生可以学习不同领域的知识和技能，从而更好地理解和解决实际问题。

（5）实际实习是培养实践能力的不可或缺的一部分。为学生提供机会在企业中实习，将理论知识应用到实际工作中，积累实际经验。实习经验不仅有助于学生将学到的理论知识转化为实际操作，还为他们的职业生涯奠定了坚实的基础。这种实际实习经验还有助于学生建立职业网络，了解不同行业的实际运作情况。

（三）专业实践课程教学体系的创新体现

1. 树立以能力培养为核心的实验教学观念

传统教学模式注重将知识灌输给学生，教育者扮演着知识的"传授者"的角色。然而，这种方法在培养学生的综合能力和创造力方面存在局限。实验教学观念的改变意味着从知识传授者转变为知识的引导者，鼓励学生通过实际的做、学，自主探索和学习。

在经济管理领域，实践课程的重要性日益凸显，要求教育者树立以能力培养为核心的实验教学观念。这一转变旨在突出以学生为本，知识传授、能力培养、素质提高、协调发展的教育理念，与传统的专业知识传授为标准的观念形成鲜明对比。实验教学观念的核心是能力培养，侧重于通过实践让学生积累经验，提高解决问题的能力，培养创新思维。学生不再仅仅是信息的接收者，而是问题的解决者。他们被鼓励去主动发现问题、深入探究问题的成因，并制定解决问题的策略。这种主动性和批判性思维的培养有助于他们应对现实世界中的复杂挑战。

实验教学观念也强调了实训方式，学生通过亲身经历，参与到实际问题的解决中，从而更深入地理解和掌握知识。这种实践性的学习不仅提高了他们的技能，还增强了他们的信心，使他们更好地适应未来职业生涯的要求。

以能力培养为核心的实验教学观念的目标，是帮助学生正确地解决问题。通过实际实践，学生不仅获得了知识，还能够将其应用到实际情境中。他们学会了分析问题、制订解决方案，并将其付诸实践。这不仅对于他们的学术生涯有益，还为未来的职业成功奠定了坚实的基础。

在经济管理领域，实验教学观念的创新研究至关重要。它不仅为学生提供了更丰富的学习体验，还为他们的未来职业成功提供了坚实的支持。通过将能力培养置于教育的核心，我们可以更好地培养具备创新思维和解决问题能力的毕业生，他们将在不断变化的职业环境中脱颖而出。这一教育观念的改变是教育体系的一大飞跃，为学生的未来和社会的进步带来了积极影响。

2. 激发学习兴趣，提高综合素质

经济管理模拟对抗实训课程是一种体验式的互动学习，它不同于一般的以理论和案例为主的课程，该课程涉及战略管理、市场营销、财务管理、物流管理、项目财务、团队建设等多个方面的内容。

经济管理体验式模拟对抗实训课程借助沙盘模具，要求学生综合运用所学经济管理知识处理实际问题，基本再现了企业经营管理的全过程，将"企业"搬进了课堂。企业的组织结构和经营管理操作过程全部展示在模拟经营之中，每个学生都能直接参与企业的模拟运作，亲身体验复杂、抽象的经营管理理论在实践中的运用。学生在自我学习中、在亲身体验中，体会到了学习的乐趣，极大地激发了学生的学习兴趣。学生通过积极地参与，积极地动手操作，提高了自我的动手实践能力和综合素质。

3. 系统性、综合性较强

系统性是指经管类实践课程体系主要由企业管理理论知识体系、理论与实验相结合的实验教学体系构成。

综合性是指实验教学内容的综合性，要打破课程、专业、学科界限，将相关知识进行整合设计；是指教学团队的综合性，要将来自不同专业的教师交叉组合，构成教师指导团队，分工合作完成教学任务；是指教学考评方法的综合性，在教学考评中，实现了学生自主评价与教师评价相结合、个体评价与团队评价相结合、定性评价与定量评价相结合、个性评价与共性评价相结合。

经管类实践课程体系要全面开设经管类实践课程，建立实验教学体系，充实实验教材建设。①成功地进行创新型课程的探索，从教学角度根据市场变化的情况与时俱进，采用先进的教学手段，以体验式教学提升学生解决实际经济管理问题的能力。②以理论联系实际的方式加深学生对管理职能的理解，从而提升学生的创新能力。③通过课前有目的的准备，了解到当今最先进的经济管理思想。④通过体验式教学搭建仿真平台，用来仿真企业环境、仿真企业流程、模拟职能岗位，在实战中培养管理人才，是对经济管理理论教学的重要补充。让学生们身临其境，真正感受到市场竞争的激烈与残酷，体验承担经营风险与责任。在成功与失败的体验中，加强彼此间的沟通与理解，体验到团队协作的力量和优势，掌握了管理技巧，感受到了管理真谛，同时也极大地提高了经济管理实践动手能力，从而全面提高学生经营管理的素质。

4. 教学与参赛相结合，进一步提高学生的综合素质

教育的目标不仅是传授知识，还包括培养学生的综合素质和实际应用能力。在这个背景下，将教学与参赛相结合，如参加企业经营模拟大赛，成为一种非常有效的教育方式。这种做法使学习与应用相结合，为学生提供了独特的机会，有助于进一步提高他们的综合素质。

参与企业经营模拟大赛的学生在一个虚拟的商业环境中扮演企业经理的角色，他们需要做出一系列的经营决策，从生产、市场营销到财务管理等各个方面，以最大化公司的利润。这个过程不仅要求他们应用在课堂上学到的知识，还需要他们具备创新思维、分析问题、解决问题的能力。他们需要全面了解公司的运营，熟练掌握管理技能，制定战略规划，协调资源，以达到最佳业绩。这种实践使他们更深入地理解了经济管理的复杂性，提高了他们在实际管理中的能力。

参赛学生在竞争中锻炼了对手分析和应对市场变化的能力。他们需要与其他参赛团队竞争，了解竞争对手的策略，调整自己的战略以适应市场变化。这种竞争环境有助于培养学生的竞争意识，让他们更好地适应商业世界的激烈竞争。这种结合教学和比赛的方法使学生能够将所学知识应用于实际问题的解决中。他们在比赛中真正体验到了经济管理的挑战和机遇，而不仅仅是理论概念。这种实践经验对于他们未来从事经济管理工作至关重要，因为它们使学生能够更好地应对复杂的商业问题。

三、基于现代学徒制的经管类专业实践课程建设

（一）现代学徒制课程的特点与体系

1. 现代学徒制课程的特点

（1）实践性。现代学徒制课程强调学生在实际职场中的实践经验。这一特点是学徒制教育的魅力所在，因为它让学生能够亲身体验职场挑战，获得实际操作技能。通过实际工作和项目，他们能够将理论知识转化为实际行动，培养解决问题和应对挑战的能力。

（2）针对性。学徒制教育模式紧密针对特定行业需求，确保学生毕业后具备特定职业所需的能力和技能。这有助于确保学生在毕业后可以迅速适应和贡献于他们所选择的行业。

（3）指导性。学徒在教师的指导下学习，从专业人士那里获得宝贵的建议和支持。教师的经验和知识为学徒提供了一个宝贵的资源，帮助他们更好地理解和掌握自己的领域。

（4）综合性。学徒制课程呈现出多方面的综合性，涵盖了学术知识、职业技能和行业洞察。这有助于培养全面的专业人才，他们既有坚实的理论基础，又具备实际应用技能和深刻地了解行业内部运作。

（5）贴近实际。这种教育体验让学生更贴近实际职场，使他们具备更强的职业适应力。学徒制课程强调实际问题解决和实际工作环境，有助于学生更好地理解并适应真实的职业挑战。

（6）多样性。现代学徒制课程涵盖了多个领域，包括技术、医疗、工程等，满足不同学生的兴趣和职业目标。这种多样性为学生提供了更多选择，使他们能够在自己感兴趣的领域追求职业发展。

（7）合作性。雇主的积极参与使学徒制课程更具合作性，确保培训与实际职业需求相契合。雇主的投入有助于确保学生获得的教育与行业标准保持一致，从而提高就业机会。

（8）实用性。学徒制课程强调实际实用性，培养学生在职场中立即发挥作用的技能和知识。这使学生能够快速应用他们所学，为自己和雇主创造价值。

（9）独立性。学徒制课程培养学生独立思考和解决问题的能力，使他们成为具备创造力和创新性的专业人才。这种创造力和创新性有助于推动行业的发展，并培养出有能力独立担当重要职责的专业人员。

2. 现代学徒制课程体系

（1）现代学徒制课程体系建设的原则。

第一，现代学徒制课程建设。现代学徒制要求来建立课程结构模块、培养技术能力模块、实施指导模块等课程体系建设。根据企业需要的人才进行课程体系改动，提高人才的培养，完善基于职业能力系统的专业课程、工作技术技能构建相关的课程软件，基于工作能力要求设计课程，根据工作的任务、工作的流程、工作技术能力等选为课程的内容，以相关技术专业的商品作为载体进行工作项目的设计，在实训指导的过程中要根据不同的学生学习能力、特点进行相应的指导，要做到教的方法根据学的方法，学的方法根据做的方法，形成事怎样做便怎样学，怎样学便怎样做的教学法。

第二，现代学徒制课程建设思路。现代学徒制课程建设思路是整合，整合多种培养人才目标，有教育目标、职业目标、学历目标、学徒制发展目标，执行工作中的课程得以开发，提炼技能养成要素，遵循技术人才的成长规律，从典型工作中提取典型工作过程与任务，结合专业的知识进行课程开发。

（2）现代学徒制专业课程体系的内容。

第一，职业素质养成模块。对职业的责任心、道德观、职业的态度、自身的行为等。在教学中设置职业素养模块需要注意企业文化与工作岗位的结合，企业文化是整个集团核心的载体，个人价值的实现一定要基于工作岗位。

第二，专业技能模块。掌握工作技能，具有用学到的知识去解决问题的能力。实施培养专业技能模块课程需要从岗位职业能力入手，培养学徒工作技能，以此来达到学以致用的教学目标。

教育模块的构成，应包括完整的专业基础知识或理论和专业的技术体系，以工作岗位的工作任务和工作能力为依据，进行课程设计、教学内容开展、课程相应的编制。专业技能课程设置为必修课，学徒必须要通过每门课程的考核。

第三，岗位技能教程模块。掌握工作岗位技能，而课程要以集团岗位技能与集团岗位用人的标准要求为依据，以专业的资格考试为参考，开发多个岗位方向工作技能的课程模块，课程要以师带徒岗位培养为主，培养工作岗位的工作能力。

（二）现代学徒制的经管类专业实践课程建设策略

1. 通过对企业的调查来确定专业课程资源材料库建设的目的

经管类专业人才面向的工作岗位较多，要求经管类专业需要对企业进行大量数据的调查，做好专业定位，制定人才培养方向，并邀请权威的专家参与到资料库建设中来。通过深入了解企业岗位对人才的要求、工作设置等内容，并对企业岗位、工作要求、任务、能力进行全方面的分析，来确定专业课程资源建设的内容和目的。

专业课程资料的建设有利于人才的培养、交流信息、技能共享、工作时间能力等多个发展工作，并通过专业课程资料的建设使教师在课堂中讲课内容更加具有真实性，并能促进教师在专业课程中的成长，避免教师误导学生，同时也可以让学生了解到岗位的工作内容和工作动态，在学习的过程中了解工作的环境和技能。能更好地适应未来企业工作。

总之，通过校园和企业合作来创建专业课程资源平台达到校企合作共赢的途径。

2. 创建相关的课程目标，建立以职业素质为专业

课程材料在专业课程资料的选择上一定要具有真实性、可操作性，尤其是经管类专业课程材料资源的建设上，必须在知识、技术、技能、能力、思想等诸多方面都有体现，其中知识包含职业中的所有知识，技能包含职业中所需要的技能，能力包括专业能力、方法、自我学习等能力，思想包括正确的世界观、人生观、价值观、职业道德观、社会品德等。例如，建设会计专业资料库，必须引进关于会计工作相应的职业道德，如爱岗敬业、诚实、守信等，同时也必须采取最新的职业标准和工作规范，应及时更新，避免资料老旧，与企业操作脱轨。

第五节　经济管理中精品课程建设的思考

精品课程建设是教育部高校教学质量与教学改革工程的重要组成部分，是贯彻落实《教育部关于加强高等学校本科教学工作提高教学质量的若干意见》的精神，进一步更新教育观念，提高教学质量和人才培养的关键，也是高校教学基本建设中最具基础性的核心工作，其水平、质量和成果是衡量高校办学水平和教学质量的主要标志。加强精品课程建设是深化教学改革，实现培养目标的保证。

一、建设专业的师资队伍

师资队伍建设是管理经济学课程建设的关键。

第一，建设一支稳定的高水平的教师队伍，是管理经济学课程保持高水平的重要保证。高校应当积极创造机会，以便让教师有机会到国内外名牌院校深造，特别是进修本专业课程。这一措施将有助于提高教师的专业素质和讲课技巧，使他们能够更好地传授管理经济学的知识和理念。在知识不断涌现和经济领域不断发展的情况下，教师的持续学习和更新知识是至关重要的，因此高校应当鼓励和支持教师的学术和专业发展。

第二，与其他兄弟院校的交流也是非常重要的。通过与其他院校的师资队伍进行交流，可以借鉴其优点，共同提高管理经济学课程的质量。这种交流不仅包括学术研究的合作，还包括教学方法和教材的交流，以便不断改进和创新。这将有助于打破学科壁垒，促进教育体系的发展。

第三，让任课教师到企业去学习和锻炼。管理经济学不仅仅是理论课程，还涉及实际应用。因此，教师需要了解企业运作的实际情况，以便更好地教授学生，并与实际情况相结合。通过与企业的合作和交流，教师可以获得宝贵的实践经验，这对于培养出实际应用能力强的学生非常有帮助。这也有助于教师了解行业的最新趋势和发展，使他们能够及时地更新课程内容。

第四，师资队伍建设的目标是满足不同层次、不同专业、不同门类的师资需求。管理经济学作为一门广泛应用于各个领域的学科，需要教师队伍具备多样化的背景和专业知识。因此，高校应当注重培养多层次、多领域的管理经济学教师，以满足学生的不同需求。只有通过多样化的师资队伍，我们才能真正做到以队伍建精品，以精品促进队伍进步，为管理经济学课程的发展提供强有力的支持。

二、优化教学内容与课程体系

在经济管理的课程建设中，优化教学内容和课程体系是至关重要的，这有助于确保学生获得最新的知识，满足不同专业和学科的需求，同时提供坚实的学术基础。

经济管理学科的教师，需要时刻关注学科的最新发展。经济领域的知识不断演进和扩展，新理论、新方法、新观点层出不穷。因此，教师们需要不断更新自己的知识，以确保他们可以为学生提供最新的信息。这包括关注最新的研究成果、实践案例和政策变化。将这些最新内容引入教学中，不仅可以使课程更加生动有趣，还可以增强学生的实践能力和创新精神。

经济管理课程还需要不断吸收众多管理学理论流派的精粹，夯实自己的体系。管理学理论在经济管理中具有重要地位，因此需要在课程中综合运用各种管理学流派的观点和方法。这有助于培养学生全面的管理素质，使他们能够更好地应对复杂的管理问题。通过引入不同流派的管理理论，学生可以更好地理解管理实践中的多样性和复杂性，提高解决问题的能力。

高校应该考虑不同专业学生的知识结构，为本科、专科和不同专业设置不同难度和深度的课程。这可以通过形成层次分明、有针对性的课程体系来实现。不同专业的学生在经济管理方面可能有不同的需求和兴趣，因此应根据他们的背景和目标来制定相应的课程。对于本科生，可以提供更广泛的经济管理知识，为他们打下坚实的理论基础。而对于专科生，可以提供更加实际和专业化的课程，使他们更好地应用经济管理知识与实践。这种差异化的课程设置有助于满足不同学生的需求，提高他们的学习动力和满意度。

高校通过优化教学内容和课程体系，经济管理课程可以更好地满足学生的需求，为他们提供最新的知识和实际的管理技能。这将有助于培养出具备全面素质的经济管理人才，他们可以在各种领域和行业中取得成功。同时，这也将为高校经济管理课程的持续发展提供稳固的基础，使其能够适应不断变化的经济环境和社会需求。

三、采用现代化的教学方法与手段

第一，案例教学。总结并选择与我国经济体制和企业改革密切相关的大量"热点"问题、学生所熟悉的企业、高校所在地区的企业、学生周围的事情作为案例讨论材料，很受学生欢迎。用管理学科的案例都可以拿来分析，还可以要求学生根据自己的经验和体会，收集资料，分析和编案例，用所学理论解决实际问题。学生既加深了对理论的理解，又锻炼了解决实际问题的能力，普遍感到收获很大。

第二，讨论课。每次课程开始（结束）时分别对上次（下次）课程讲授内容进行简单的回顾（安排），指定相关参考资料，留下问题，然后让学生回去查资料并提供与学生专业相关或者感兴趣的案例，让学生分组讨论甚至采取辩论的形式，活跃课程气氛。强化多媒体资源的交互性（BBS），要求学生多提问、多交流。第二节课开始花一些时间，找一些准备充分的同学上台讲，通过这种形式提高同学的学习兴趣，从而调动更多同学的学习积极性。

第三，引入对抗机制。可以抽出6个学时搞对抗竞赛的形式，将整班学生分组，每个小组讨论某个管理问题或热点问题，提出各组的意见与理由，进行辩论，教师根据各组效果打分计入平时成绩。

第四，参与式学习。安排适当章节或案例让学生讲授，其余学生提问讨论，教师总结的形式，在学习相关知识同时，提高学生自主学习和表达能力。

第五，训练学生动手。一是利用课堂练习，要求学生们思考解决我国经济和管理中的一些实际难题；二是利用课外作业，要求学生们组成团队，研究一些企业管理中的难题，有的放矢地提出解决思路；三是利用考试环节，出一些应用性问题，要求学生将所学的有关理论和方法整合起来，形成一个解决方案。

第六，更新教学方法。比如"案例—理论—建构"学习法，帮助学生加深对经济管理的理解；"引导"—"发现""研讨"教学法，鼓励学生主动思考，积极探讨；"参与""互动"—"自主"学习方法，培养学生的自主学习能力。

从教学形式上可以将板书、幻灯片、视频、动画等结合起来进行，多种教学形式的组合可以避免视觉疲劳，而且可以提高同学的兴趣，特别是动画形式。为了提高学生的学习兴趣，课堂教学中引入相关的视频片段也是一个有效的方法，这些视频片段可以来自电影、电视新闻、科教影片等，在教学中能够很好地调动学生的学习兴趣。

四、加强实践性教学

第一，校企合作，实践教学意味着教学离不开企业的支持，依托一些企业作为校外实习基地，进行一些校企科研项目，为企业进行调研分析、解决问题，提供决策方案。

第二，准备模拟实验软件，教师团队和企业合作开发"管理经济学虚拟软件"，通过"在线实训"让学生感受企业运作的全过程。通过这些系列实践项目的完成，能促进"学以致用"，极大地提高学生的实践操作能力，让更多的学生在校内、在短期内实现"教学"和"企业"的"零距离"对接。

第三，将管理经济学的理论、方法与计算机软件工具结合起来，很多企业管理决策，如成本收益分析、供求均衡、需求估计与经济预测、弹性分析、生产决策、成本估计、风险决策等方面的实际问题需要进行建模以及数据和图形的动态分析，学生们必须能够利用信息技术完成这些计算，掌握现代化的工具。用几节实验课，设计一些经典的实验，编写完整的实验手册、软件指导学生准确和快捷地解决这些问题，使学生能够将所学的知识运用到企业的决策分析中。

五、促进资源共享与科学研究

做好课程资源上网计划与知识共享系统，形成有好的带头人、结构合理的教学梯队，及时交流互补，通过相关项目的研究，使教师与学生在教学、实践与创新方面良好的结合。

第一，建立课程资源上网计划和知识共享系统是非常重要的。通过将课程材料、案例分析、课件等资源在线共享，可以使这些资源更加广泛地传播和利用。一个好的案例可以激发学生的兴趣，让他们深入了解管理经济学的原理和应用。同时，高质量的课件可以让教学过程更加生动和引人入胜。资源共享系统不仅可以在本校内部推广，还可以与其他院校和教育机构共享，实现更大范围的资源互通。这种合作和共享有助于提高教育资源的效益和可及性。

第二，建立有好的带头人和结构合理的教学梯队也是非常关键的。高校应该培养并吸引具有丰富教学和研究经验的教师，他们可以担任教学的带头人，引领团队不断提高教育质量。同时，建立结构合理的教学梯队可以保证不同层次和不同专业的教育需求得到满足。这种分层次的教育体系可以根据学生的需求和背景提供相应的教育内容，确保他们能够获得最大的收益。

第三，通过科学研究项目的开展，教师和学生在教学、实践和创新方面可以实现更好的结合。教师可以引导学生参与相关项目的研究，从而将理论知识与实际问题相结合。这种实践性的研究不仅可以提高学生的综合素质，还有助于推动管理经济学领域的知识创新。通过与产业界的合作，学生可以将所学知识应用于实际工作，提前积累职业经验。

第六节　课程体系数智化升级与方法创新

一、课程体系数智化的发展背景

当前，大数据、5G、人工智能等新兴技术催生了以跨界融合为特征的新经济、新产业、新业态，因此推动融合发展是新文科建设的必然选择，经济管理类专业迎来了全新挑战。一方面，传统经济管理学科是工业时代的产物，所构建的专门化和精细化专业课程知识体系易于知识获取与传授，在传统财经教育中发挥了至关重要的作用，但也形成了学科或专业"知识孤岛"，导致学科领地和专业边界固化；另一方面，大数据、人工智能等信息技术已成为社会经济管理问题的重要研究方法和研究范式，也是经管类专业人才知识架构和能力培养不可或缺的关键性内容，培养一批掌握大数据、人工智能技术的高端经管人才，已成为财经教育的重要使命。可以说，如何挖掘经管类专业知识与数智技术之间的内在联系，对经管类专业课程体系进行数智化升级，并在此基础上，改革和创新教学方法，一直是实现财经教育跨学科融合发展的关键问题。

二、经管类课程体系数智化升级措施

（一）构建三层递进式结构

整个经管类课程体系数智技术课程体系自下而上分为三个层面：

1. 通识模块课程

通识模块课程所包含课程主要讲解大数据和人工智能基础技术知识。通识模块课程侧重于扩展经管类专业人才培养知识的广度，重点是培养经管类人才所应必备的大数据和人工智能方面的基础知识和技能。为此，将通识模块课层划分为三个模块，即基础技术模块、大数据模块和人工智能模块。

通识模块课程教学内容设计的关键在于扩展经管类专业人才大数据、人工智能技术知识的同时，解决通识模块课与经管类专业课相对分散独立的问题，使学生建立大数据和人工智能技术与经管类专业知识之间的联系，于技术类课程中形成明确的专业知识学习目标。为解决这一关键问题，针对通识模块课选课学生的专业方向，设计"一课多纲、一纲多本"的差异化教学内容，以增强通识模块课的吸引力，建立大数据、人工智能技术与专业方向之间的连接，明确各专业学生的学习目标。

2. 共建模块课程

共建模块课，是因为这类课程教学内容的设计与讲授往往需要跨专业领域教师合作共建。共建模块课程侧重于深化数智技术与经管类专业知识的交叉融合，重点培养经管类学生分析和解决经济管理问题具备的结构性和程序性知识。为此，选择已有经管类专业课程体系中与大数据、人工智能技术关联最为紧密的课程。参与共建模块课的专业包括：经济学专业、工商管理专业、会计学专业。

（1）经济学专业共建模块课包括"数字经济""大数据经济分析""经济学与 AI 及优化"等，讲解如何通过大数据和人工智能方法分析和解决经济学问题。

（2）工商管理专业共建模块课包括"大数据与企业创新管理""大数据与组织行为学""商务智能"等，讲述大数据和人工智能商业企业在落地实践的全过程，以及优化各种业务的突出价值。

（3）会计学专业共建模块课包括"大数据与智能会计""大数据与智能财务""大数据与智能评估"等，分别讲解如何运用大数据和人工智能软件工具进行会计数据的分析、处理、可视化展现和风险评估等。随着大数据和人工智能技术向各个领域的渗透，各行业对复合型人才的需求激增，因此，共建模块课程建设工作是一个不断增加和持续迭代的过程。

共建模块课程教学内容设计的关键在于覆盖概念性或陈述性专业知识的同时，构建运用大数据、人工智能技术解决实际业务问题的程序性或结构性知识，实现特定专业或子领域与数智技术知识之间强大的整合和互补。为解决这一关键问题，依据专业人才培养目标和需求，遴选核心知识点和关键能力点，以经管实务问题为导向，建立知识点与能力要求之间的关联关系，基于以大数据、人工智能技术为支撑的经管类实务问题解决过程，构建结构性或程序性知识模块，通过设计涵盖这些结构性或程序性知识的教学案例，进一步深化对专业知识的理解和掌握。

3. 项目模块课层

项目模块课程所包含课程均依托于企业实际项目设计而成。项目模块课程侧重于加强知识向能力的转化，重点培育学生综合运用大数据和人工智能技术解决不断变化的复杂经济管理问题的创新和实践能力。为此，基于企业实际业务和具体项目，面向零售业、工业、金融业等不同行业领域，由跨专业资深教师与业内人员合作共同设计项目模块。每个项目模块涉及某领域或行业相关的一系列具有真实性、实用性、可创新性的，能够统一知识与能力的实训项目课。

项目模块课程教学内容设计的关键在于充分结合企业需求和业务实践，设计出具有可行性、可操作性、可考核性的项目，打通知识与能力间的屏障，实现知识向能力的转化。为解决这一关键问题，针对每个领域或行业项目模块，构建一套从项目设计与考核到项目竞赛与奖励一体化的项目课程体系。

（1）为每个项目模块制定项目基本要求、实施过程及考核评价标准，具体包括：项目概况、基本要求、知识点—能力—实践—创新的要求、实训环节、分组要求、成果形式、

过程考核与验收标准、硬件软件条件、指导教师要求、达到预期效果等。

（2）对涉及大量的差异化创新、本身具有竞赛属性的项目，在项目课程结束后举行校内竞赛，评选优胜者，成绩优秀者（或自愿报名者）可以参加更高水平、更大难度项目的训练与比赛，进一步提升学生的创新能力和竞争意识，真正将课程与比赛有机融合为一体。

（二）三元协同式教学方法创新

为实现所构建的课程体系各模块课程的教学目标，采用三元协同式教学方法，优质师资、教学资源和教学方式构成某一门课、某一节课所采用教学方法的三个基本要素。其中，优质师资和教学资源为实现教学目标提供双重保障，教学方式为实现教学目标提供重要手段，针对每一门课或每一节课的教学内容，通过协调管理优质师资、教学资源和教学方式三者的关系，从而产生协同效应，实现课程预期教学目标。

1. 教学资源

教学资源是教学方法创新的又一基本保障。在所构建的经管专业数智技术课程体系中，数智技术是一种实践知识，而教会学生实践知识是解决经济管理问题的重要方法和工具，单一形态或形式的教学资源很难达到预期教学效果。因此，在各模块课程教学目标的牵引下，建设实例集、问题集和项目集三种课程资源库，即"1+1+1教学资源"，供任课教师在教学过程中使用。

（1）建设实例集。实例集是通识模块课程的主要教学资源，为学生熟练掌握数智技术知识而设计的例题，与计算机类专业开设的技术类课程有所不同，这些例题需要具有一定的专业导向性，以建立数智技术与经管专业的关联关系。

（2）建设问题集。问题集主要用于共建模块课程的教学实训环节，为学生理解和运用结构性或程序性知识而设计，其重点在于促进学生在解决问题时采用循序渐进和系统性的思路，教学生将相应的技能和知识应用于具体的问题。

（3）建设项目集。项目集主要是为项目模块层而设计的，其关键在于全方位培养学生进行创造性设计、开发创造性解决方案的能力和团队合作、项目管理能力和领导力，项目的复杂和创新程度代表学生能够胜任未来工作的能力。

事实上，这三种教学资源并不是泾渭分明的，项目可看作更加复杂的问题，而实例亦可看作问题的简化版，而且，这三种教学资源也不是专门为特定课程模块层服务的，在教学过程中互为补充。

2. 教学方式

"教"侧重于信息的传递，"学"则关乎知识的获取。为协调教与学之间的关系，有三种教学方式可以选择：讲座式、主动式和协作式，即"1+1+1教学方式"。

（1）讲座式。讲座式是一种常见的教学方式，适合概念性或陈述性知识的讲授，但对学生而言，讲座式并不是最理想的知识获取方式，特别是结构性或程序性知识，还需要了解知识的背景和效用。

（2）主动式。主动式是一种以学生为中心的教学方式，更适合结构性或程序性知识的学习，主动式学习能使学生理解并掌握更多的知识。

（3）协作式。协作式更适合帮助学生完成知识迁移，激励学生尝试体验式学习和沉浸式学习等方式，使学生将课程核心知识与综合解决复合经济管理问题相结合，协作式学习也可看作一种特殊类型的主动式学习。

在某门课程、某一节课的教学过程中采用何种教学方式，主要取决于课程教学内容涵盖知识的类型。概念性或陈述性知识在通识和共建模块课程的教学内容中均占有较大比重，因此，讲座式是这两个层面的重要教学方式；同时，结构性或程序性知识也是通识和共建模块课程实践实训环节的关键内容，主动式的教学方式有助于学生更好地理解和掌握知识；而在项目模块课程，协作式则成为教学方式的不二选择。

3. 优质师资

优质师资教学队伍建设是实现教学方法创新的基本保障之一。从教师所属专业或领域看，分为专业教师、技术教师和业内讲师三种不同类型的教师，分别在经管专业知识、数智技术和业务经验三个方面各有所长、各具优势。就已有师资情况看，绝大多数教师并不具备专业知识与数智技术交叉融合的复合知识架构，兼具扎实基础知识和实践经验的师资则更加稀缺。因此，为每门课程组建"1+1+1优质师资"模式的教学团队，一位专业教师、一位数智技术教师和一位业内讲师协同，弥补知识结构和业务经验方面的不足。当然，一位教师也可以同时参与多门课程的建设工作。与此同时，为避免出现多位任课教师授课过程分而治之、各自为政的局面，建立课程教学团队周期性教研活动制度，及时发现教学过程中存在的问题，讨论有效、可行的具体举措。

对于所构建课程体系中不同层面的课程，不同类型教师在教学过程中的重要程度有所不同。鉴于通识模块课程主要讲解大数据和人工智能基础技术知识，课程建设和教学过程应以数智技术教师为主，以专业教师和业内讲师为辅。而考虑到共建模块层主要讲解为解决实际问题而形成的专业知识与数智技术交叉融合的结构性知识，专业教师和数智技术教师在此类课程中并重，共同建设教学内容和完成教学过程。项目模块课程是对学生综合能力和创新能力的全面考量，从课程设计，到过程考核，再到验收评价，均需要三种类型教师的全程参与，但由于课程内容和教学目标均源于企业实际业务和具体项目，颇具实践经验的业内讲师在各个环节中发挥着关键性作用。

第三章　经济管理教学模式的研究与实践

第一节　行动导向教学模式及应用

一、行动导向教学模式的概述

（一）行动导向教学模式的含义

第一，行动导向教学模式从教学生"学会学习"的目标出发，使职业教学从注重"教法"转到注重"学法"，将学生的学习与学生发展密切结合起来。采用师生互动型教学模式进行教学，在教学中，教师是活动的引导者，教学的主持人。

第二，行动导向教学模式体现了"以学为本，因学施教"的教学准则，因为"学"在人的活动中居主体地位，而"教"则应因人因时施以不同的"教"。"教"对人的成长和发展起着辅助和促进的作用。教学不仅仅是让学生"学知识"，而且要"学会"。行为导向教学法，让学生的所有感觉器官都参加学习，即脑、心、手共同参与学习。

第三，行动导向教学强调学生学习动机的激发和学习兴趣的培养，是建立在让学生熟悉周围环境的基础上，对所学的内容感到好奇、感到惊讶，并能提出问题。"学习"的过程中还要"学会做事，学会生存，学会与他人交往"。

第四，行动导向教学通过创造某种特定的"环境"或称"情境"，让学生在教师所设计的学习环境中进行学习，使每个学习者都有施展个性能力的机会和舞台。行动导向教学倡导学生参与"教"与"学"的全过程，这种"教"与"学"通常围绕某一课题、问题或项目来开展，重视学习过程的体验。

第五，行动导向教学采用以学生为中心的教学组织形式，让学生以团队的形式进行学习，引导学生自主学习和探索，强调在团队学习中发挥每个学生的主体作用。

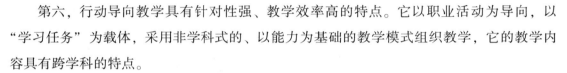

第六，行动导向教学具有针对性强、教学效率高的特点。它以职业活动为导向，以"学习任务"为载体，采用非学科式的、以能力为基础的教学模式组织教学，它的教学内容具有跨学科的特点。

第七，行动导向教学中学生综合能力的培养，是在学习过程中通过展示的方式来培养学生的表达能力和工作能力，不断把知识内化为能力。学生的展示包括展示自己的学习成果和展示自己的风格。

第八，行动导向教学充分尊重学生的个性，注重学生自信心和自尊心的培养，教学中要不断地启发和鼓励学生。行动导向教学不要求教师和学生是一个完美的人，而是一个会犯错误并能从错误中学习的人。教学中不允许教师批评学生。

第九，行动导向教学采用目标学习法，并重视学习过程中的质量控制和评估。

第十，行动导向教学模式的整个教学过程是一个包括获取信息、制订计划、做出决定、实施工作计划、控制质量、评定工作成绩等环节的一个完整的行为模式。

（二）行动导向教学模式与传统教学方法的区别

"行动导向教学是一种基于实践的教学方法，可以很好培养学生解决问题的能力。"[①]它采用非学科式的、以能力为基础的职业活动模式，是按照职业活动的要求，以学习领域的形式把与活动所需要的相关知识结合在一起进行学习的开放型的教学。学生也不再是孤立地学习，他们以团队的形式进行研究性学习。

行动导向教学模式不再是传统意义上的知识传授，教师将知识灌输给学生，把学生头脑当作盛装知识的容器。行动导向教学模式是让学生的所有感觉器官都参与学习，因此，它是用脑、心、手共同来参与学习。

（三）行动导向教学模式的应用价值

行动导向教学模式以生活或职业情境为教学的参照，遵循"为行动而学习"的原则，让行动成为学习的起始点，并尽可能地让学习者"通过行动来学习"，行动过程中的计划、实施、检查、修正和评价则尽可能地由学生自己独立完成。行动导向教学的目的在于促进学生职业能力的发展。

行动导向教学模式的核心在于将学习场景模拟成工作过程的场景，把学习过程与行动过程相统一，通过行为的引导使学生在行动中学习，培养学生的创新思维，形成职业能

---

① 周云云. 经济管理专业课程教学中行动导向法的应用 [J]. 才智，2015 (28): 9.

力。因而，行动导向教学模式是要求学生在学习中不只用脑，而是脑、心、手共同参与学习，以提高学生的行为能力。行动导向教学模式的整个教学过程可分为收集信息阶段、独立制订工作计划阶段、决定阶段、实施阶段、检查阶段和评估阶段。在整个教学中学生始终占据主体地位，教学质量的高低最终通过学生的综合素质得到反映和体现。采用行动导向教学模式进行教学，学生在获取真知的过程中，必然会引起素质的变化，这个素质指的是学生的思维和行为方法、动手能力和技能、习惯和行动标准及直觉经历、需求调节、团队合作等方面的综合。

行动导向教学模式作为一种教学思想，体现了职业能力教育的本质，适应了职业教育的特点，在德国职业教育中取得了丰硕的成果，在我国的职业教育改革实践中也在发挥着指导性作用。

（四）行动导向教学模式的实施意义

第一，体现当今世界上先进的职业培训教学理念。行动导向教学模式是以学习领域的教学要求为目标，以活动为导向，让学生在活动中学习，以培养学生的能力。这种培养能力型人才的教学观念是目前世界上先进职业培训教育观念的具体体现。

第二，行动导向教学模式把全体学生培养成具有关键能力的人才。行动导向教学模式是建立在培养学生的自信心和自尊心的平台上的，教师将视各个学生的具体情况实行因材施教，对不同的学生提出不同的教学要求，把不同类型的学生分配在一个小组，以团队的形式来学习。在这个小组中，每个学生都是小教师，通过团队的交往和对学习成果的展示，使每个学生的专业能力、社会能力、方法能力和个性能力都得到培养。把每个学生都培养成具有关键能力的人才。

第三，行动导向教学模式为创建学习型社会创造了条件。每个人都要学会学习，随时寻找对自己有用的知识，不断提高自己的工作能力。终身学习的学习型社会已经到来，高校应培养具备良好学习能力的人才。行动导向教学模式是教学生学会学习，我们要在学习国外先进职业培训的教育经验中不断地探索和实践，结合我国职业教育的实际情况，不断创新，为探索适应我国国情的职业培训教育体系添砖加瓦。

二、行动导向教学模式的教学原则与教学类型

（一）行动导向教学模式的教学原则

1. 能力本位原则

行动导向教学模式的能力本位原则就是指学生的一切学习活动都是以提高能力为目

标。学生在学习活动中首先提高学习的能力，同时学生又要把所学的知识通过脑、心、手的联合作用，在轻松愉快和潜移默化的过程中，不断地内化为能力，增长才干。

能力本位要求充分正确地发挥人的能力，这里的"正确发挥"是指能力发挥的性质、方向、方式和目标。这自然要求以道德为前提，否则，能力越大越坏事。因此我们强调能力本位，也强调人的努力和道德品质以及绩效。

行动导向教学模式强调的是能力型人才的培养。为适应信息化时代和劳动力市场的需求，行动导向教学模式则要求培养具有关键能力的人才。关键能力是指从事任何职业都需要的一种综合职业能力，它泛指专业能力以外的能力，或者说是超出某一具体职业技能和知识范畴的能力，它的特征是当职业发生变更或者当劳动组织发生变化时，劳动者所具备的这种能力依然存在，它使劳动者能够在变化的环境中很快地获得所需要的职业技能和知识。

2. 自主活动原则

自主活动就是指学生作为学习的主体，在教学过程中自主、主动、积极地进行学习。同时，在活动中，学生的脑、身、手共同参与学习，以获得知识，提高能力，增长智慧。行动导向教学模式把学生从传统的课堂中解放出来，倡导"以人为本"的教学，坚持以学生为中心，把学生当作学习的主人，让学生自主地学习。在教学中教师的作用是引导学生进行学习。自主活动具有以下教学特点。

（1）教学与活动结合起来，让学生在活动中自主学习，通过活动引导学生将书本知识与实践活动结合起来，以加深对知识的理解和运用。

（2）在教师创设的情景中进行学习，通过各种媒体的结合使用，激发学生对学习的好奇心、新奇感，让学生提出问题或感到惊讶，为他们提供发挥其才能和智慧的机会和条件，充分挖掘学习潜能，促进学生个性的充分发展。

（3）教学活动是在充分信任和尊重学生的前提下进行的，教师要针对不同类型的学生进行教育，引导他们尊重自己，相信自己，树立学习的自信心，对学生们取得的微小进步予以肯定和鼓励，使他们对成功充满信心。学生在享受到学习的乐趣时，也建立起自尊。教育实践证明"自尊的重要性超出课程内容的重要性"。

3. 领域学习原则

领域学习原则就是根据行为活动的要求，在教学中把与行为活动相关的知识都结合在一起作为一个学习领域进行教学。即根据某一活动领域的要求，把各传统学科中的相关内容（专业基础、专业理论、专业课和实训课）都结合在一起，组成一个个学习领域，让学生进行整体学习，这样不但提高了学习效率，更重要的是让学生在教学中加速将知识内化为能力的过程。

学习领域教学在职业培训教学中彻底打破了学科型教学体系，将知识按活动领域的要求进行组合，制订出学习领域的教学计划，按学习领域的教学要求进行相应的学习。因此，在应用学习领域组织教学时要注意以下方面。

（1）学习领域是社会职业活动领域在经过教学化处理后转化而来的。

（2）学习领域的教学应当以活动为导向，并按照"学习单元"来具体设计学习内容。

（3）学习单元是案例化的课程单元，它可以使理论知识与实际应用环境结合在一起，并将学习领域这一框架性的计划或规定具体化。

（4）学习领域中的目标描述需要规定经过这一领域学习所期望获得的能力和素质的要求。

（二）行动导向教学模式的常见类型

1. 项目教学法

项目教学指面对一个实践性的、真实或接近真实的完整的"工作项目"，学生们独立地确定目标要求，制订具体计划、逐步实施并且检查和评价整个过程。

（1）项目教学法与任务教学法的区别。任务教学法的核心思想是将知识与工作任务整合进行学习，而项目教学法的核心思想是让学生通过一个完整的项目来实现知识、技能之间的联结，发展完整的职业能力。任务教学是围绕一个个孤立的工作任务展开的，通过任务教学，学生获得技能和知识，从整体工作的角度看，任务教学仍然存在相互割裂的现象，因而要使学生对整个工作过程有一个完整的把握，并能把通过任务教学获得的技能、知识整合成一个整体，还需要一个相对大型的、完整的工作项目来展开教学，这就是项目教学。如销售某种产品、制作某个物品等。

（2）项目教学的特征。

第一，学生自行负责地、全身心投入实施较大的、完整的工作项目。

第二，学习的最终目的在于完成具有实际利用价值的成果，无论是能够使用的产品还是具有启发性的研究发现或者能够进一步落实的行动方案。

第三，为了完成项目，学生要把不同专业领域的知识结合起来。

（3）项目教学法的步骤。

第一，选定项目。项目应立足于有利于获取经验，与具体工作情景密切相关，符合参与者兴趣。

第二，设定目标并分组。设计项目教学总体目标，分阶段或分组后产生小目标，这些目标也是最后希望得到的结果。分组时要注意各组之间的平衡。

第三，计划。做一个尽可能详尽的计划。计划应围绕目标要求，要包含学生执行项目的目标、实施、评价等阶段，并且是可行的。

第四，实施。按事先订立的计划一步步施行，通过小组作业、多层交流和问题解决等形式开展交往性学习，学生逐步加强自行学习，教师发挥咨询者和协调人的作用，并在整体上引导学生学习过程。

第五，成果展示。完成项目后，各小组展示成果，包括项目成果、工作流程等，得到外界的评价。

第六，评价。与原定目标比较，评价结果，可以自我评价与第三者评价相结合，检验学生是否获得必要技能与知识、实际结果是否具有实用价值。

2. 案例教学法

案例教学法是指在教学活动中，结合具体的教学目标和教学内容，通过分析典型的实际案例，使学生既具备理论基础知识，又能够运用理论解决实际问题的一种教学方法。案例教学基本环节如下。

（1）案例引入。教师在进行案例教学时一般要提早几分钟走进教室，这样可以避免占用课堂时间来做课前的准备工作，如发放资料等。运用案例法进行教学的优秀教师并不是一上课就马上向学生介绍案例，他们常常运用与学生打招呼、介绍本节课的安排或其他方式引起学生的注意。如果该案例已在其他班级讨论过，教师也可以向学生简单地介绍一下其他班级在讨论这个案例时的情形，以及他们有没有很好解决的问题。

（2）案例讨论。引入案例后，教师就要引导学生进行讨论。讨论一般采取先班级讨论后小组讨论的形式。案例讨论是案例教学中的"重头戏"，而小组讨论又是"重中之重"，它在教学过程中所占的比例最大。小组讨论的基本步骤大致包括分组与讨论。

第一，分组。分组的方法很多，可随机分组，亦可将座位近的同学编为一组，还可将看法一致的同学编为一组。无论采取何种方法进行分组，都要注意小组的规模，一般控制在 3~7 人。各小组要推荐一位组长、一位记录员，由组长组织该组的讨论。

第二，讨论。小组讨论要在班级讨论的基础之上进行，可包括以下几个步骤。

首先，选定、分析问题。从全班讨论的结果中选定一个待解决的问题，作为本组的任务，并对问题进行深入细致的分析，包括问题的前因后果及其连带影响。

其次，提出解决方案。针对问题将各种可行的解决方案逐一罗列出来，并选定一个最佳的解决方案。

最后，制订具体的方案。将选定的最佳解决方案细致化，制订该方案的实施计划，包括实施时间、步骤、实施时可能碰到的困难及克服困难的方法等。

（3）汇报总结。小组讨论结束后，教师可要求各小组选派一名代表到讲台上陈述该小组的讨论成果，教师逐一在黑板上记下学生发言的要点。一组汇报结束后，其他小组和教师可向其进行提问或补充。注意要控制每组代表陈述的时间。

各小组汇报结束后，由教师进行最后的总结。总结并不是总评，教师只需对各小组讨论中形成的观点进行归纳和整理，无须作任何点评，更不要试图告诉学生谁对谁错，除非这个案例本身的观点是十分明确的。另外，教师要对案例蕴含的道理或问题进行小结，以调整和完善学生的知识结构，让学生树立对某一问题的正确态度，提高学生遇到类似问题时分析、解决的能力。

当然，教师也可以将案例问题拓展开，提出一些散发性的、学生可以继续进行探究的、发人深省的问题，使学生在课堂教学结束之后能够进行深入而广泛的思考。

（4）反思评价。

第一，对案例质量的反思。通过一堂案例教学课，教师会对该案例产生新的认识。在反思、评价阶段，教师需要根据编写案例的原则、视角、规范等，结合实际的教学效果，对案例进行重新审视，并对案例做出适当的修改，以备在以后的教学中（或供其他教师）使用。

第二，对学生课堂行为的评价。评价的重要工作之一是评价教学中学生讨论的质量。有意义的讨论一般会涉及下列几个方面：做出有意义的、对理解问题有帮助的分析；指出案例中需要进一步探究的方面；提出他人没有谈到的备选方案；把已学过的知识与正在讨论的案例结合起来，融入一定的逻辑结构中，并且据此引申出合理的结论；提出行动或实施计划的建议。

第三，教师的自我评价。教师的自我评价是一个教育体系中至关重要的环节。它不仅有助于提高教师的专业素质和教育水平，还可以促进课程的不断改进和创新。

首先，教师的自我评价可以帮助他们不断提升自己的专业素质。通过反思自己的教学方法、教材选择和课堂管理，教师可以识别出自己的优点和不足之处。这有助于他们制订改进计划，积极寻求进修和培训的机会，提高自身的教育水平。自我评价还可以鼓励教师在教育领域进行持续学习，紧跟新知识和教育趋势，以更好地满足学生的需求。

其次，教师的自我评价对于课程的不断改进和创新也至关重要。通过对自己的教学效果进行评估，教师可以识别出哪些教材或教学方法在课堂上更有效。这有助于教师优化课程内容，使之更具吸引力和实用性。同时，自我评价还可以鼓励教师积极尝试新的教学策略和方法，推动教育创新，提高课程的质量。

最后，教师的自我评价可以提高他们的教育责任感和教学热情。通过认识到自己在学生教育方面的重要作用，教师可以更加积极地投入到教育工作中。他们会更加关注学生的需求，倾听他们的反馈意见，不断改进自己的教学方式，创造更好的教育环境。

3. 任务教学法

任务教学法是以工作任务为核心来训练专业技能并构建专业理论知识的教学法。"基于工作任务"是这种教学法的核心思想。这种教学法是针对把知识与任务剥离开来的传统教学法的弊端提出的。在传统教学法中，知识被看成从实践中抽象出来的独立于工作任务的符号体系，因而其教授也是在教室中，在纯粹符号层面上采取与工作任务相剥离的方式进行，这些知识的实践价值要通过学习者把它们应用到实践中来实现。

建构主义和情境理论对这种知识观提出了挑战，前者认为，只有当个体已有知识不能解决目前的问题时，真正的学习才会发生；情境理论则认为，知识只有在与实践情景的联系中才有意义。这是任务教学法的知识论基础。从职业教育的角度看，要培养学生的职业能力，就要做到：①课程内容必须与工作任务密切联系，从课程中应能找到这些知识与工作任务的清晰联系。②必须形成学生的任务意识，在学生头脑中建立以工作任务为核心的知识结构，把知识和任务整合起来。前者是课程内容开发中需要完成的，后者虽然也需要相应教材的支持，但最终需要运用任务教学法来实现。

任务教学法的步骤如下。

（1）提示工作任务。即教师首先给学生讲清楚要完成的工作任务的内容、条件和目标，并通过对工作任务的提示，激发学生的学习动机。

（2）尝试完成工作任务。教师在简单演示后，让学生尝试完成任务，教师适当指导，如果学生由于缺乏必要的知识准备而难以完成任务，就应当尽快转入第三个阶段。

（3）提出问题。如果学生通过模仿教师能够基本完成任务，那么所提的问题就应当是针对如何理解操作过程的；如果学生无法完成任务，那么所提出的问题就应当是针对问题解决的。

（4）查阅并理解和记住理论知识。引导学生通过阅读教材或查阅其他资料，或通过教师讲解，来获得完成工作任务所需要的专业技能和专业知识，并理解和记住。

（5）回归工作任务。把所获得的知识与任务联系起来，看看在掌握了这些专业知识后，能否把工作任务完成得更好。

4. 角色扮演法

角色扮演法是行动教学法的一种，是指教师设定某种情境或者题材，让学生尝试着承担一个预先设定好的工作角色，在限定时间内体验、讨论和解决某一个问题。其主要特点有：共同参与性、个体差异性、生动性与趣味性、创造性和灵活性。角色扮演法的实施程序如下。

（1）准备阶段。

第一，创设情境，介绍角色。在这一过程中，教师要做好以下三个方面的工作。

首先，创设情境。角色扮演法是由教师来创设情境，设计问题，在这一过程中，教师最好能提供有关的书面背景资料，引出大家所关心的问题，教师可以通过实例向学生说明问题，如用影片、电视节目、故事等方式；也可以用问问题的方式使学生思考或预测事故结果，采用这种方式，教师应该营造一种接纳的气氛，让学习者感受问题的存在和重要性，使其了解学习的目标，让学生了解并表达出自己的看法、情感以及会采取的行动。

其次，介绍各个角色。创设好情境之后，教师要详细介绍角色扮演的整个过程，以及学生在这一过程所要达到的目标，每个工作岗位的性质、职业要求以及彼此之间的相互关系。工作岗位的描述要尽可能详细，让学生明确每一个工作岗位的任务、质量和目标。

最后，组织准备。介绍完各个角色之后，教师要做好组织准备工作，统计好工作岗位的数量，了解每个岗位的要求和各个环节的时间安排。教师可以和学生编制包括特定工作手段的工作岗位设置表，设定剧目排练的时间以及修改意见等。

第二，准备材料，制订计划。包括教师需要准备的材料和学生需要准备的材料。

第三，选择参与者。在创设情境之后，教师分析各角色的特性，并向学生一一讲解，选择适合扮演之人。为了使学生的创造力得以发挥，描述角色特性时不必对该角色在扮演过程中应采取对策做过多的叙述。教师可以和学生共同讨论喜欢什么、感觉如何、打算做什么，然后让学生依据自己的意愿选择想要扮演的角色，如果有些角色没有学生主动参与，可以由教师根据平时对学习者的了解，进行角色分配，并说服学生由被动变为主动，积极进入角色情境。

第四，布置情景。选择参与者之后，教师要协助学生融入自己的角色中，可以提出简单的问题，将各种情境以简要的方式说明，或加以布置情境，让学习者可以感受到整个演出的真实情境（可以根据专业举例）。在小组中计划、组织并执行角色扮演。一旦问题被辨析、理解并结构化后，小组必须推选游戏的参与者并填补到相应的空位中。下一个步骤是小组制订一个路线计划来解决现存问题。行动小组以外的参与者则扮演监督者的角色，他们可以在之后的评判过程中持"客观"的态度。

第五，旁观者的学习。未扮演学生是否能够主动参与是影响角色扮演教学效果的重要因素。教师首先要让观察者明确尊重演出者的重要性，要求观众专心观察表演者的演出；

其次，要让观察者了解在角色扮演过程中需要特别注意的环节与项目，并让观察者写观察报告，以提高事后讨论的实效性。注重旁观者的参与，让观察活动包含在整个角色扮演的教学活动之中，可以增加角色扮演的质量，深化主题，使得整个团体全员经历演出过程，并要求写观察结果报告，以提高演出后的讨论效果。

（2）表演阶段。在这一阶段，学生是课堂的真正主角，教师要让学生自发性地正式演出，演出的时间不用太长，6—10分钟最佳。学生在这一阶段需要注意以下几点：根据自己的理解，按照任务需求、质量要求进行具体表演，并进行必要的决策，不能遇到疑惑就停下来等教师的解答，而是要根据自己的理解以及承担的角色，做出必要的决策，无论是对是错，只要是自己在当时情境下的理解，都是值得肯定的。当然教师要注意引导学生在行动和交流中，挖掘各种可能的方案，并找出最佳解决方案。如果整个角色扮演的周期很长，扮演者需要做好记录，如所经历的事件、所遇到的困难、自己采取的行动、行为后果等。

教师在这一阶段需要注意以下几个问题：首先要根据之前制定的教学目标，及时地检验学生在独立学习过程中掌握的知识。主要检测与之前搜集的学习材料有关的知识。其次，要就工作岗位和学习材料问题及时给予指导。再次，要监督角色扮演的开始、结束时间。最后，在必要的时候（如关键步骤、核心程序等），为了加深学生的印象，教师可以引入干扰事件，并在学生需要的时候及时回答学生的提问。

（3）讨论与迁移阶段。

第一，讨论和评价。演出后，教师要引导角色扮演者与旁观者进行讨论，教师首先要创造一个接纳的氛围，让学生大声地表达自己的意见，根据教学目的与要求，通过辨析、争执，最终达成共识。学生可以在接纳的氛围中，对于角色扮演过程中出现的困惑，尤其是出现的分歧、挑战以及难以解决的问题等进行讨论。

讨论之后，可以对学生的整体过程进行评价。这里的评价是无法量化的，可以从收获以及缺陷两个层面，就学生的工作任务、工作内容、职业活动的种类、各种决策、遇到的困难、时间的安排、学生对于工作过程的认识等方面进行评价。

第二，再扮演与讨论。通过前面的讨论与评价，学生对角色扮演的各种工作分工有了更为深刻的理解，这时候教师为了加深学生的印象，可引导学生由尝试错误中再进行扮演。这种表演不注重其完整性，是就整个过程的某个需要特别强调的片段进行扮演。每一次表演之后，教师应组织学生进行一个简短的点评，演出人员可以换人或交换角色以体验不同的感受。此阶段的重点活动在于让学习者从尝试错误中，学习如何面对问题和解决问题，了解相同角色不同情境所代表的意义，便于学习者以不同的立场看待相同的事物。

第三，反思与结论。经过讨论—尝试错误—再扮演—讨论的循环周期之后，可以引导学生反思。教师可以从学习者的演出和讨论的内容中，归纳要点，并指出行为实践的意义和法则。

第四，教师通过对一个可能的解决方案的综述，可以促进此次角色扮演的完成，并最终得到一个总结。这个总结旨在让参与的学习者对所经历的行动有个全面的了解，更深入地解释各种行动。

5. 情境教学法

情境教学法是指教师为激发学生思考的积极性而创设特定的问题情境，以培养学生独立探求解决问题途径与方法的教学方法。教师首先创设情境，然后给学生提一些建议，学生自己找出解决问题的途径，分组讨论、展示，再全班讨论。创设情境的途径初步归纳为以下六种：生活展现情境、实物演示情境、图画再现情境、音乐渲染情境、表演体会情境、语言描述情境等。

6. 实验教学法

与传统教学理念不同，实验教学不是用实验的方法来证明一个已知的并且存在的理论，或者用实验的手段来加深学生对某一理论、公式的认识，而是指师生通过共同实施一个完整的"实验"工作而进行的、培养能力的教学活动。

在职业教育中，实验教学的学习性工作任务，以生产一件具体的、具有实际应用价值的产品为目的，或者模拟一个实际的工作过程。实验不只是用来检验假设的正确与否，实验行动蕴含的实质在于，在一定条件下学生的实验行动，要以检验自己的假设为目标，综合应用已有的知识，通过工具、测试手段的运用，观察、判断、搜寻乃至阐释有关现象，从而培养能力。实验教学法主要分为六个步骤：

（1）情境问题。教师根据教材或教学目的的要求，从生产、生活中提出与教材有关的问题，或阐述某个现象，引导学生观察，使学生产生想要探究或弄明白的想法，或想要找到解决办法的欲望。提供或创设情境，能使学生进入积极的动脑、动手状态，激起学生学习的内在动机，提高学生对现象的观察、问题的探究、概念的形成，使对知识的理解、结论的检验、思维的发展融为一体，非常有利于学生掌握科学的逻辑思维方法和提高解决问题的能力。刚开始时，教师应选一些观察容易、操作简单、结论浅显的实验内容，以后逐步提高探究要求。也可以让学生从自己的经验中提出观察到的现象或思考的问题，供全班同学讨论、思考。

（2）提出假设。学生根据观察到的现象变化，或了解到的事实，分析、推理、猜想，最后提出自己的某种结论假想或解决问题假设。在这一阶段是一个主动探索的过程，有利于学生培养逻辑思维能力，还可以让学生立足已有经验，融合已有或查找到的知识进行大胆设想，有利于培养学生的创新精神与能力。同时，这一步骤也是为下面的实验指明方向，只有提出假设，才能辨别现象中的相关因素，剔除无关因素，才能决定下一步的实验目的、计划、实验材料等，对所要研究的问题进行定位和阐明，把期待的结果描述成准备检验的假设。

（3）制订计划。根据假设，提出一个或若干个具体可行的实验目的，这样就可以通过接下来的实验进行验证与证明。介绍有关的实验目的、所需工具、条件和实验过程，分析实验的可操作性与可实现性，列出存在的问题，以便选取最佳实验设备、实验条件甚至实验材料来进行最终的实验。

根据上一阶段决定的实验内容最佳组合方案，开始制订实验计划。实验计划包括：计划工作步骤、解释并介绍试验装置、绘制结构草图、应用哪些检测或实验方法能够对假设进行验证。同时也要列出可能存在的问题，及时找出可能的解决方法或制订应急方案。

（4）操作实验。按照实验计划准备实验装置就可以进行实验了。这一步也是整个实验法最关键的一步，因为假设的验证与证明完全依赖实际效果。因此，这一步的操作要严格遵守各种程序与要求，尽量避免无关因素的干扰，减少误差，最大限度地保证相关因素的效用。进行试验的同学要及时仔细观察、测量、记录和评估，以便为最后的结论提供完整的证据。同时，对于实验过程中出现的意料之外的情况也要详细描述记录，为最后进行反思提供新的实验思路与方向。整个操作过程中，教师要心中有数，以备结束阶段总结评价。

（5）验证归纳。这一步就是根据整个实验过程中的观察、记录、描述来进行计算、分析、综合、推理、评估甚至确定测量顺序并绘制图表。教师要指导学生进行实验结果的科学性处理，组织讨论，分析总结得出结论，口头论述结果。接着对照假设进行验证，验证假设的真伪。通过实验结果和结论进行概括，将所获取的各种知识和关系归纳到更高一层的理论，实验的范例性将被转化为基本结论。

（6）反思评价。实验得出结论或得到结果后，整个实验基本结束。这时，教师要引导学生进行综合、反思和评价，讨论总结。对于成功的实验，教师可以引导学生再寻找多种其他的实验方案；对于失败或出现偏差的实验，教师应帮助学生查找原因，进行误差分析。当然，这一过程也可以让学生自己根据实验情况来进行，最后再交流。

7. 模拟教学法

模拟教学法是在一种人造的情境或环境里学习某职业所需的知识、技能和能力。经济类职业通常在模拟办公室或模拟公司中进行。模拟教学给人一种身临其境的感觉，更重要的是提供了许多重复的机会和随时进行过程评价的可能性，且成本较低。

8. 基于项目的引导文教学法

在项目教学法中，为配合学生的自主学习，避免不必要的教师干扰，要把过去教师的讲授和演示材料转化为声像制品，开发指导学生独自完成学习的引导材料，供学生自主学习参考。这些引导性的文字材料称作引导文，这种方法就是项目教学中常用的引导文法。

引导文教学法需要大量配套的指导性材料，可以是有关过程的关键性问题与简要答案，也可以是展示复杂结构的样图，还可以是材料或工具清单，亦可能是辅以讲解或文字说明的视频材料。引导文包括任务描述、引导性问题、学习目标描述、质量监控单、工作进度计划、工具和材料需求表、专业信息来源指示单（如指明专业杂志、文献、技术资料、劳动安全规程和操作说明书）等材料。

引导问题、提示描述、工作计划和检查单构成了所谓的引导文材料主体，用于指导学生的学习过程。工作小组依据引导文来回答引导性问题、编制提示描述或制定工作计划和检查单。

同时，教师上课前应做好以下准备工作：①确定能力目标，即学生完成任务后应具备的能力；②学习者分析，分析学生已具备的知识，预测学生需求与想法；③分析应提供的信息，确定应提供哪些辅助材料，包括教科书、工具书、项目背景企业信息、技术文献、图片等；④设计引导性问题，一步步引导学生解决问题；⑤完成引导文。之后，教师应自问：引导文是否可以给学生提供帮助，一步步解决问题。

9. 现代四阶段教学法

四阶段教学法是一种起源于美国岗位培训的、系统化的以"示范—模仿"为核心的教学方法。传统的四阶段教学法把教学过程分为准备、教师示范、学生模仿和总结练习四个阶段。

传统四阶段教学法的学习过程与人类认知学习的规律极为相近，学生能够在较短的时间内掌握学习内容，从而达到学习目标。但由于学生没有机会尝试实践自己的想法，而必须模仿教师的"正确做法"，限制了创造性的发挥。因此，传统四阶段教学法受到了现代教育学家的批评。

针对传统四阶段教学法存在的缺陷，教师们对传统四阶段教学法进行了改进，称为现代四阶段教学法。改进后也分为四个阶段，不同的是现代四阶段教学法为学生提供了活跃而自主的学习环境。在教学活动中，教师的职能从"授"转变为"导"，学生由被动的接

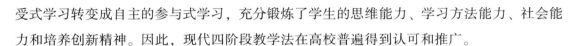

受式学习转变成自主的参与式学习，充分锻炼了学生的思维能力、学习方法能力、社会能力和培养创新精神。因此，现代四阶段教学法在高校普遍得到认可和推广。

三、行动导向教学模式的应用

行动导向教学模式是由目标群体、教学目标、教学内容、教学方法、教学媒体、质量控制这六个方面组成的优化教学系统。因此，学习行动导向教学模式也一样需要一部分、一部分地进行学习和研究，逐步地领会、消化，直至应用和实施。

应用和实施行动导向教学模式，要从创新教学方法入手，逐步深化。在这种创新教学理念指导下，教师首先要转变角色，要以主持人或引导人的身份引导学生学习；教师要秉持轻松愉快的、充满民主的教学风格进行教学。教师要对学生倾注感情，也一定要把自己的脑、心、手展示给学生。教师要运用好主持人的工作原则，在教学中控制教学的过程，而不要控制教学内容；要当好助手，不断地鼓励学生，使他们对学习充满信心并有能力去完成学习任务，培养学生独立工作的能力。

为了全面提升经管类专业的教学质量和人才培养质量，高校可以在全校推进职教能力测评，引导教师广泛采用项目教学、任务驱动式教学、案例教学、现场教学、讨论式教学等具有典型职教特色的行动导向教学方法，使学生在课程教学中寓教于学、寓学于练、寓练于做，将企业经营管理实践与课堂教学有机结合起来，模拟仿真企业环境，通过采用行动型参与式、模拟式、体验式和情景式等多种教学方式，使学生身临其境地感受针对岗位、流程、任务的实践，真正掌握专业知识与技能，培养解决问题的能力。

在行动导向的教学改革中，仅仅改变教师的教学方法是远远不够的，而是应该从整个专业人才培养的高度，重构专业课程体系，以双师素质教师培养为重点，提升教学质量，同时加大实验实训条件建设和校外实习基地建设，为行动导向教学模式提供软件和硬件的支撑。为了保证行动导向教学模式的实施效果，应重点做好以下方面的工作。

（一）构建基于工作任务的项目化课程体系

基于行动过程为导向的课程体系，强调以过程为中心的知识体系，教学顺序是以行动顺序为导向的，按一个行动过程顺序来传授相关的知识与技能，实现理论知识与实践技能的整合，解决理论与技能脱节、技能与实践脱节的问题。

行动导向课程典型的模式就是项目教学法，它依据生产实践，将课程内容分为若干个项目，每个项目又分为不同层次的工作任务，每个任务都是一个独立完整的工作过程，整个系统又具有统一性和系统性。这种课程体系的优点在于能够全面体现工作过程的各项要素，并反映这些要素之间的相互联系，将过程所需的各种知识、技能及各种能力有机地融合到行动的过程中，学为所用，符合了学生认知的心理过程，便于知识的理解与综合应用。学生通过完成一个完整的工作过程，能够借此获得"工作过程的经验与能力"，而不仅仅只是单一的操作技能。

（二）开展以工作过程为导向的项目化课程教学

以工作过程为导向的项目化课程通过采用任务引入、学生尝试完成、示范、归纳、讨论、解决等过程，以"边学边做""先做后学"的方式，由学生进行业务操作入手，由教师归纳得出知识；同时学生通过反复的能力训练，能够熟练运用相关知识，基本实现知识、理论、实践一体化，"教、学、做"一体化，激发了学生的学习能动性，教学效果明显提高。具体表现为：

第一，构建凸显能力培养的工学结合的"工作式学习"课程教学模式。"工作式学习"就是将工作内容、工作方法、工作要求、工作流程等贯穿于学习的全过程，让学生以工作者的角色投入学习中，将每一次课堂学习当作完成一项工作任务。教师将每一次教学当作指导学生完成一项实务操作。这种课程教学模式较好地培养了学生的职业意识，对学生养成职业习惯、提高学生就业能力起到了积极的促进作用。

第二，改变了学生被动学习的状况，形成主动学习的氛围。由于每一次上课都可能是一项工作任务的布置，或是完成一项工作后的检查，而且每一次工作完成情况的好坏直接影响到课程成绩。学生课程成绩是任课教师依据每一次课程任务的完成情况进行评定。改变传统教学的授课模式，构建以学生为主体、以能力为目标、以素质为基础、以项目为主体、以实训为手段、以职业活动为导向的项目教学模式，激发学生自主学习的积极性，提高学习的效果。同时，通过营造教学环境的企业化、能力培养的专业化和教学内容的职业化的项目，提高课堂教学的仿真化，有利于学生真正实现毕业与上岗的零过渡。

（三）完善专业特色的精细化教学管理体系

行动导向教学模式必然需要相应的教学管理体系来配套，否则改革的质量将无法得到保障。高校主要对以下方面的教学管理体系重新设计。尤其是对课程考核方式与实践教学管理进行了改革。

第一，将课程考核与评价模式由知识评价为主转变为以能力目标评价为主，建立一套科学、完备、可测性强的体现工学结合特色的评价指标体系。创新教学质量评价模式，提高质量管理模式的灵活性，打破传统的以校内评价为主的教学质量评价模式，吸纳行业企业、政府与社会力量共同参与教学质量管理，再造管理流程，完善质量管理和保障体系。

第二，强化实训、认知实习、专业实习、顶岗实习、毕业设计等关键实践性教学环节的质量监控；建立与完善指导教师跟踪制度、用人单位访问制度，定期进行毕业生跟踪调查，吸收用人单位参与人才培养质量评价，形成动态的反馈与保障机制，从而保证和提升教学质量，通过有效的教学管理，把广大教师的积极性、主动性、创造性更好地发挥出来，激发学生发展的内在动力，充分调动学生自主学习的积极性，全面提高人才培养的质量。

第二节　计算机模拟实践教学及其发展

经济管理类计算机模拟实践教学形式的产生和发展是在经济管理专业人才培养计划中不可忽视的一部分。

一、计算机模拟实践教学的内涵与外延

经济管理类专业教学通过计算机模拟应用，将经济管理的实践条件通过计算机技术来进行环境模拟，高校通过多次组织学生去参与到实践教学中，可以培养学生的实践能力，拓宽学生对于经济管理认识的视野。计算机模拟实践教学，是通过一系列的实验项目来进行的，根据经济管理学科的专业知识，根据不同章节的知识融合性，我们可以具有针对性地对一些知识进行综合。

我们大致可以将计算机模拟实验分为单向性实验和综合性实验。

第一，单向性实验。单项性的计算机经济管理模拟实验，可以巩固学生对某一个知识点的记忆和理解。在学生初步接触经济管理专业时，我们可以引导学生去进行单向性计算机模拟实验。

第二，综合性实验。综合性的计算机经济管理模拟实验则是培养学生对于知识的综合性理解。当学生学到了一定的水平，我们就可以整合所有的章节内容，引导学生进行综合性的计算机模拟经济管理实验。通过多次组织学生进行计算机模拟实验，可以加深学生对于经济管理课程的知识点认识，巩固学生对于经济管理知识的记忆和理解，提高学生经济管理的实践性水平。学生在对经济管理专业进行知识学习的过程中，由于教师对于知识的讲解是通过每一章来进行的，学生难免会获得一些较为分散的知识点，通过练习计算机模拟实验，学生可以将这些零散的知识点综合在一起，提高运用于实践经济活动的应用水平。

二、计算机模拟实践教学的作用体现

在经济管理专业中能够加入计算机模拟实践教学形式，并且取得了广泛的发展，主要是因为在人才培养过程中具有突出作用。

（一）培养经济管理人才的有效渠道

1. 培养应用型经济管理人才的有效渠道

经济管理类专业对应用性以及实践性能力要求极高，经济管理类的专业人才，能够良好自主地将所学知识运用在实际操作过程中，成为适应性技能型人才。这种类型的人才和研究型人才之间存在着较大的差异，主要表现是研究型人才更加重视的理论知识，在应用性知识结构上了解得并不多，另外就算是应用性知识，更多的也是一些研究办法或者研究技术为研究工作进行服务。在培养经济管理型人才的工作中，不但要注重普遍规律，还要重视应用型人才的特殊性操作规律。而计算机模拟实践教学工作的开展，为经济管理型人才实践能力培养又开辟了一个全新的操作平台。

2. 培养复合型经济管理类专业人才的有效方式

通过计算机模拟经济管理活动，可以培养出一些复合型的经济管理类专业人才，企业中所涉及的经济管理活动是一种多种管理活动的综合，包括经营管理活动、投资管理、融资采购管理、产品销售管理、生产管理、物资管理和人力资源管理。

通过计算机模拟实践教学我们可以解决人才知识匮乏这一个问题，计算机模拟经济管理活动系统中，将所有的经济管理知识贯穿在一起，所有的经济管理理念综合在一起。其中还会涉及一些不同课程的知识，还可以把不同专业的知识进行融合，在一定程度上非常丰富地拓宽了经济管理人员的知识面。

（二）打破传统专业教学实践的框架

伴随着计划经济体制转变成为市场经济体制，教育形式也从金字塔顶端转向了更加平民化的层面。计算机模拟实践教学的出现正好将这样一个尴尬的问题顺利解决，从本质上摆脱了经济管理类专业实践教学上的困境问题，为其发展创造了更好的发展条件。

三、计算机模拟实践教学的强化策略

（一）实施人才培养计划

1．教学内容理论和实践密切结合

开展模拟体验式的教学工作，不单是为了培养学生的实际操作技能，同样也是要使得学生通过综合性的实践操作活动将在课堂中学习到的知识融汇运用在实际操作过程当中，提升对理论知识以及实际分析问题的能力。为了防止出现重视实践操作而忽视理论的情况，走向理论和实践分离的另一个极端，因此在组织学生进行跨专业模拟实践操作之前，需要先使用专题讲座的形式，根据企业发展的实际情况以及市场发展的客观需求，将专业知识和其他综合性知识交叉进行讲解，协助学生更好更系统地理解知识，并且能够推动其将在课堂中学习过的知识转化成为自身的素质与能力。为了能够更好地实现素质教育的目标，还需要在日常的教学工作中加入更多实验性的教学内容。

2．教学组织形式从一元转向多元

随着模拟体验式教学实践活动的开展，实验教学组织形式也发生巨大的改变。一方面是学生学习组织形式的变化。为了能够更好地组织综合性的实验教学工作，要从传统的自然班的限制中跳脱出来，把不同自然班的学生混合编排在同一个班级中进行学习，这样学习起来能够兼顾各个方面的学习内容，在学习组织的过程中，学生扮演的角色是双重的，不但是市场环境的创造者，也是企业行为的模拟主体；不但是学习的主要工作者，也是学习组织活动的开展者。

总之，对于经济管理专业计算机实践教育来说，其目的是培养具有一定计算机操作能力的复合型人才，教师是这场活动的引导者，需要通过使用各种方式，更新教学形式，为学生提供更好的学习环境。

（二）建立健全计算机模拟实践教学管理机构

建立一个更加全面的计算机模拟实践教学管理机构，开设专门的计算机系统维修机构和配置专门的管理人员，将经济管理知识融合于计算机实践教学中，和平常的课堂理论性授课不一样。

计算机模拟实践教学完全是模拟社会真实的经济活动，计算机模拟实践教学将会面临更大的工作量，对于经济管理方面的实践教学应该加强发展，大面积地去铺盖高校中的教学活动，设置专门的管理机构并配置专门的管理人员。

（三）认真做好计算机模拟实践教学建设的系统规划

在经济管理类专业计算机模拟实践活动中，应该做好实践教学的一些基础建设和系统规划，并且处理好理论教学和实践教学间的关系，合理安排实践教学和模拟实践教学之间的实践布置，将单向性实验和综合性实验进行合理配置，同时分布好动态性实验和静态性实验。

（四）加强对实践教学的指导和推动院校交流与协作

为了使经济管理类专业计算机模拟实践教学工作得到长期稳定的发展，需要一些教育主管部门给予一定的重视，对于计算机模拟实验给予一定的指导，在发展中总结经验，推动实践教学活动的快速发展。

加强实践教学的指导，并且推动院校之间的交流和互相合作，在一定时期内就将实践教学所得出的经验进行互相切磋，并且提供经济管理实验的基地建立实验项目和实验教材的资源共享平台，推动经济管理类专业计算机模拟实践教学建设的全面建设。

总之，将计算机模拟实验分为单向性实验和综合性实验，通过多次组织学生进行计算机模拟实验，可以加深学生对于经济管理课程的知识点认识，巩固学生对于经济管理知识的记忆和理解，满足应用型人才培养的特殊规律，在一定程度上拓宽了经济管理人员的知识面。

第三节　"教、学、做"一体化教学模式的实践

高校全面实施"教、学、做"一体化课程改革，将理论学习和技能训练紧密结合在一起，以技能训练为主线，以突出培养学生的操作技能为重点，较好地解决了理论教学与实习教学的脱节问题，增强了教学的直观性，充分体现学生的主体参与作用，有利于教学质量的提高和高素质人才的培养。

一、"教、学、做"一体化教学模式概述

（一）"教、学、做"一体化教学模式的含义

"'教、学、做'一体化教学模式融教、学、做于一体，注重对学生实践应用能力的

培养，对教学效果的改善和应用型人才培养目标的实现均起到了积极的推动作用。"① 该模式是顺应目前经济管理发展而产生的一种新型的教学模式，它是经济管理教学中探索创新的一种教学模式，由一位专业课教师同时担任专业理论与专业技能的教学，将有关专业设备和教学设备同置一室，将专业理论课与生产实习、实践性教学环节重新分解、整合，安排在专业教室中进行教学。师生双方共同在专业教室里边教、边学、边做来完成某一教学任务。

"教、学、做"一体化教学的过程是师生双方共同参与教学的全过程。在整个教学过程中，学生在"学中做，做中学"；而教师则在"做中教，做中改"，对学生的要求是"学会学，学会做"。这种融理论教学、实践教学为一体的教学模式，改变传统的理论和实践相分离的教学形式，解决专业理论与专业技能重复教学的问题，将应知的专业理论和应会的操作技能紧密结合在一起，以技能训练为主线，强化专业理论的指导作用，突出学生实际操作能力的培养，增强学习理论的兴趣，促进了对理论的理解，提高学生的实训兴趣，增强学生走向实际工作岗位的适应能力。同时还可丰富课堂教学和实践教学环节，提高了教学质量。

（二）"教、学、做"一体化教学模式的特点

"教、学、做"一体化教学，通俗的理解是为了使理论与实践更好地衔接，将理论教学与实习教学融为一体。"教、学、做"一体化教学模式具有如下特点。

第一，实现教师一体化、教材一体化、教室一体化。有双师型教师、一体化教学内容、一体化教学场地、一体化教学手段、一体化教学过程和一体化评价方法。

第二，实践性很强。"教、学、做"一体化教学由于把理论课堂搬到实习场地，在讲解理论的同时可以进行实际操作训练，在训练实操的同时又可以巩固理论知识，因而其在巩固理论知识和提高动手能力方面均有较高的实践性。

第三，综合性强。由于将课堂搬至实训场所，教学条件丰富，各知识点由书本上枯燥无味的东西变成实实在在的实物，把理论和实操结合起来，通过实际训练来掌握理论上的各知识要点。

（三）"教、学、做"一体化教学模式的方法

"教、学、做"一体化教学是一种复合型的教学模式，教师引导学生掌握专业知识和

---

① 石瑾.《基础会计学》"教、学、做"一体化教学模式改革与实践：以常熟理工学院经济与金融专业为例［J］. 常熟理工学院学报，2016，30（06）：99.

操作技能。在现代职业教育中，教师可以充分运用任务驱动法、模拟教学法、情境教学法、场景教学法、现场教学法，创建一个工作情境，或把教学场地安排在工作现场，让学生身临其境，实现由学生到"员工"身份的转换。这样不仅使学生真实感受到作为一名员工所应具备的基本素质，而且能够激发学生的学习兴趣，调动学生学习的积极性、主动性。

教学中除了运用讲授法外，还应结合运用其他教学方法，如演示法、参观法、练习法、提问法等教学法，以加强学生对讲授内容的掌握和理解。同时，充分利用多媒体、幻灯投影、教学课件等现代教学手段，增强教学的直观性和有效性。

二、"教、学、做"一体化教学模式的实施

（一）强调教学目标一体化

在整个经济管理课程教学目标设计和每次的教学目标中，需要强调技能目标和知识目标以及素质目标的一体化实现，要以技能目标的培养来设计知识目标。学生学习是为了掌握某一项技能，穿插讲解知识目标，学生技能达成的同时，其综合素质得到训练。

（二）重新设计教学内容，实现教学内容一体化

改变以往经济管理教学理论内容与实训内容相脱节的做法，每个项目都将理论知识和实训内容结合起来，体现了"做中学、做中教"思想。例如在"采购与供应实务"课程的"供应商选择"这次课中，先安排学生为学校旁边某超市的某类商品选择合适的供应商，并且进行分组汇报，然后针对同学汇报点评，再讲解供应商选择的标准、原则，供应商评价的指标和供应商选择的方法，最后让学生修改其选择方案。通过做—教—做的方式，实现教学内容的一体化。

（三）组织教学过程，实现理论教学、实践教学一体化

经济管理在一体化教学中，整个教学的设计和组织都以实践操作为主线，突出技能训练，围绕实践操作进行理论知识的教学，实现理论教学和实践教学一体化。教师采用讲解、演示、示范、指导、评价相结合的办法，循序渐进地开展教学活动，并在现场巡回指导，及时发现问题、解决问题；共性问题集中讲解，个别问题个别指导；促进理论教学过程与实践教学过程的融合，引导学生在做中理解理论知识、掌握技能，在操作中验证理论。同时，又用理论指导操作，实现理论与实践的有机结合。

（四）建设"双师素质"的教师队伍，实现教师一体化

"教、学、做"一体化教学要有优秀的师资队伍。经济管理要实施"教、学、做"一体化教学，不仅要求教师具有较扎实的专业理论功底，也要具有较熟练的实践技能，更要具有"教、学、做"结合的教材分析及过程组合的能力。教师不仅是传统意义上的双师型人才，更要具有创新综合能力。提高实践教学质量的关键在于有一支技高一筹、艺高一筹的专业教师队伍，高校应采取多种途径加强对专业教师的培养。

1. 利用课余时间，进行专业实践锻炼

利用课余时间进行专业实践锻炼是一项极为重要的举措。它不仅有助于弥补教师在操作技能方面的不足，还能够提升他们对专业理论的认识。在深入行业生产经营的第一线，参加具体岗位技能培训，教师可以获取实际操作经验，从而更好地将理论知识转化为实际应用。

（1）教师可以将教学中的一些课题带到企业参加专业实践。这样的实践活动使教师能够亲身体验到在实际工作环境中所面临的挑战和机遇。通过亲自动手，他们可以更好地理解课程内容的实际应用，从而在教学中更生动地传达这些知识。

（2）教师还可以主动向具有丰富实践经验的企业经营管理人员请教。与业界专家互动，听取他们的建议和经验分享，可以帮助教师更好地了解行业的最新趋势和发展动态。这种知识交流不仅有助于提高教师的专业素养，还能够激发他们的教育热情，让他们在教学中更具权威性。

（3）通过这种专业实践锻炼，教师不仅能够提高自身的专业素养，还能够为学生提供更丰富的教育资源。他们可以将实际经验融入教学中，使学生更好地理解和掌握所学内容。此外，教师的实际经验也能够为学生提供更多的就业指导和职业规划建议，帮助他们更好地准备未来的职业生涯。

2. 加强校外培训，积极组织教师参加各种专业技能培训

组织专业教师到职业师资培训机构、高校进行学习和实际训练，强化实践性学习，使他们能更好、更系统地将理论与实践结合起来。强化培养职教教师的实践性包括两个方面：

（1）加强专业实践。职教教师"双师型"专业发展目标，需要改变学术型人才的培养方式，加强专业实践教学，要让高校教师中的专业教师多到职业培训机构、企业去学习与训练，多接触生产实际，培养他们的动手能力，培养他们的专业实践能力，他们才能有

效指导学生的实训。

（2）加强教育实践。教师的教育教学能力需要通过具体的教育活动习得。教师在实际教育教学过程中遇到的实际问题，通过自我探究与反思，寻求解决方案，唤醒职教教师专业发展的自觉意识，缩短理论与实践的距离，强化研究结果对教育教学实践的指导，提高教师专业发展的能力。

3. 从企业引进各类专家

大力引进各类专家，建立专兼职相结合的"双师型"教师队伍。

（1）引进具有"双师"素质的专业技术人员和管理人员，为高校注入新鲜血液。这些专业人员通常在实际工作中积累了丰富的经验，他们的加入能够为学生提供更贴近实际需求的教育。他们不仅能够传授理论知识，还能够分享实际操作技能和行业见解，使学生更好地准备迎接职场挑战。

（2）聘请企业经营管理专家到高校做实习和实训指导教师，以及积极与企业建立联系，为高校带来了与实际产业接轨的机会。这种联系不仅有助于学生了解实际工作环境，还为高校教师提供了宝贵的机会与企业专家互动，学习最新的行业趋势和管理实践。这种交流有助于实现教学和实际生产的有机结合，使教育更具实际意义。

（3）聘请企业专家来高校指导一体化教师，协助"教、学、做"一体化教师开展相关工种的技能辅导，能够提高一体化教师的教育水平和实践能力。企业专家的实际经验可以填补教师在某些领域的不足，帮助他们更好地准备学生面对职业挑战。同时，企业专家与高校教师相互促进，形成互补，为教育培养提供更全面的支持。

（五）完善校内教学设施，实现教学场所一体化

"教、学、做"一体化教学模式最为突出的特点，就是将学校搬进了"企业、工厂"，将课堂搬进了"车间"。

为了便于"教、学、做"一体化教学，对于教学场所的布置也要实现一体化，也就是将理论教学区、研讨区、实操区、设备存放区、资料查阅区、维修区和展示区等场地集于一个工作场所内。这样的教学环境的转换，不仅有利于一体化教学过程的展开，实现边教、边做、边学，而且有利于学生"工作过程"观的培养。让学生在学习过程中体验工作的过程，在学校就能体验将来工作的环境，逐渐培养胜任将来工作所需的职业素养。在这样的场所里，教师可以一边讲解，一边领学生进行操作，让学生把理论知识融入实际设备的操作中，实现理论和实践教学的合一。同时，教师可以及时指导，发现并纠正问题，达到较高的教学效果。

（六）改革评价方法，实现评价方法的一体化

职业教育是以培养德、智、体全面发展的技能型人才为根本任务，以适应社会需要为目标，以培养技术应用能力为主线，培养基础理论知识扎实、技术应用能力强、适应面较宽、素质高的毕业生。职业教育必须改革传统的评价方式，制定与职业教育特点、社会需求相适应的评价方法。

第一，突出技能、能力考核，加强过程考核，构建融技能考核、能力考核、过程考核、知识考核、职业素养考核于一体的评价体系。

第二，参照企业、行业用人标准，结合技能鉴定，制定以能力为核心、以作品（产品）为对象的考核标准。

第三，组建由学校、企业、行业、社会多方参加的评价机构，对学生进行综合评价。

第四节　校企合作模式下的经济管理教学

一、校企合作的概述

（一）校企合作的意义

第一，校企合作是学校与企业双方共同发展的需要。通过校企合作对于强化国内职业教育的办学实力来说是具有积极的推动作用的，并能够让师资和经费问题得以有效的缓解；通过校企合作，有利于企业生命力和新的竞争力的产生。

第二，校企合作是建设职业教育体系的基石。完整的职业教育体系包括的内容是非常广泛的，所以也要充分发挥社会、院校、企业以及行业等各个组成部分的优势和作用，强化教育网络体系的建设。

第三，校企合作是高校专业发展的需要。高校在进行专业现代化的教学计划制订时能够对传统的决策水平予以突破，充分综合院校内外部的优势条件来进行。因此需要充分结合第一线专家的作用和优势，并深入分析和研究经济及科技发展形式、就业形势以及专业发展趋势等，使得院校的人才培养目标符合专业岗位需求和社会发展趋势。

第四，校企合作有利于优化职业道德教育。积极地鼓励学生亲身参与到现代化企业中，通过岗位实践来培养其良好的工作习惯和职业道德；教师还要注重自身所产生的带头模范作用，培养学生良好职业素养。

（二）校企合作的类型

"校企合作"作为高校教育重要的办学模式，已经产生众多形式，不同的学者在研究后从不同的角度对其形式进行了不同的划分。"校企合作"的本质区别是，就"企业辅助式校企合作"订单式模式和"联合式校企合作"这三种形式而言，合作企业在人才培养过程中的地位、作用及参与人才培养过程的程度逐渐增强，而高校在人才培养过程中的地位、作用及参与人才培养过程的程度依次逐渐减弱。我们认为，在这三种形式的校企合作中，订单式模式是一种比较现实的校企合作形式，是一种体现"合作办学、合作育人、合作就业、合作发展"要求的高校教育办学模式，符合当前高校和合作企业的关于人才素质的共同追求，在高校人才培养与合作企业人才需求方面存在利益契合点，应该给予肯定并加强对这种校企合作形式的研究。

（三）校企合作的形式

第一，建立校企联动机制。寻找联动的结合点是校企合作的关键，校企都有实施教育的条件和愿望，这为校企合作打下基础路，为校企合作教学模式的引入扫清了障碍。对高校和企业来说，发展是关注的焦点。校企合作的逻辑起点应该是发展。高校的发展主要体现在人才培养上，企业的发展需要人才。因此，人才是校企合作的结合点。要让高校与企业围绕人才培养开展合作，就应该建立有效的校企联动机制，包括校企合作的管理制度与运行模式，建立起以现代信息技术为依托的网络交流平台，畅通信息沟通渠道。

第二，规范校企管理模式。高校与企业双方合作或多方合作，必须以合同或协议的形式建立起具有约束力的办学关系，明确合作各方的责任和义务，保证合作的规范性与有效性。同时，应该尊重高等教育教学规则、高校学生的特点以及企业的实际需要，建立起以高校为主，企业参与的教学管理制度，高校与企业共同商议并决定教学相关事宜，恰当安排教学各个环节，保证校企合作质量，做到规范性和灵活性的完美结合。在办学实践中，实行项目管理，即由高校教育主管部门与企业负责人共同组成项目管理小组，共同研究并制订人才培养计划、管理制度等，在具体的教学实施过程中，校企双方紧密合作，及时掌握教学情况。

第三，合理设置培养目标与教学计划。高校为了实现这一人才培养目标，需要制定一个较高层次的以技术应用能力为主线的人才培养方案，构建起科学合理的课程体系，确定因材施教和学以致用的教学内容，开展与专业就业岗位相关的实践教学环节。因此，高校

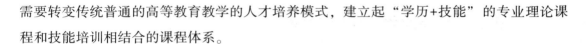

需要转变传统普通的高等教育教学的人才培养模式，建立起"学历+技能"的专业理论课程和技能培训相结合的课程体系。

（四）校企合作的机制

1. 校企协同的责任机制

校企协同的责任机制是针对参与协同育人的各个部门、各个方面提出的责任机制。比如，高校作为校企合作的主体，应当承担主动协同的职责，主动加强与企业和社会各方的联系与沟通，及时出台协同育人的操作方案，配合高校和政府主管部门加强对协同育人的检查监控。

教师应当强化创新创业意识与服务社会、服务企业的意识，主动承担协同育人的任务，积极参与校企合作，切实完成对学生的指导。学生是创新创业的培养对象，应配合教师完成职业基本素养与基本职业技能的培养任务。企业和有关部门是校企合作的合作者，应承担起参与制订育人计划，共建实践基地的职责。

2. 校企共享的分享机制

校企合作是要整合高校和社会的资源，促使双方资源、技术、管理和文化的互动和渗透，实现资源和成果共享。因此，高校应与行业、企业和相关部门与社会组织密切合作，使高校分享社会资源尤其是企业资源，使企业或相关部门实现经济效益或社会效益。如共建实践基地，共同开发有地方特色的乡土教材；共建特色校园文化和企业文化，共享文化成果；共建信息交流平台，共享信息资源。

分享机制的建立要靠情感的交流和文化的融合，这是确保创新创业教育校企合作实现持续合作、稳定发展的润滑剂。高校主动与企业和相关部门建立情感联系与沟通渠道，创新创业教师也应多与企业和相关部门进行沟通交流，让对方感受到高校的关注与重视，从而得到社会和企业的更多支持。

3. 校企联评的监控机制

校企联评的监控机制是指监督、检验和评估创新创业教育开展效果的机制。创新创业教育，需要建立一套科学的监督、检验、评估机制。

高校对创新创业教育的监督与评估主要是通过教务处、督导室来组织的，监控、评估的依据主要是校内专家与学生对创新创业教育效果的评价，评估的方式主要是期中教学检查与期末测评平均分数。这个评估总体上能反映出一个教师的教学水平与师德表现，不足之处是对经济管理教学通过产学研实现协同育人的做法缺乏评估，这是今后应当加强的。

二、校企合作与经济管理教学的关联

（一）经济管理类专业加强校企合作的意义

将校企合作模式应用到高校经济管理类专业教学中，能够实现经济管理专业的课程改革。在校企合作模式下，高校可以充分利用企业的资源，掌握现阶段企业对经济管理类人才的要求，从而结合企业的实际需求来制定针对性的人才培养方案，针对具体的课程来提出更有方向的改革策略，能够有效避免学生培养出的人才不适应企业人才需求的弊端。从企业的角度来看，加强校企合作，能够积极参与到高校的人才培养中，从而培养出更适应企业发展需求的专业性人才，也有效解决了企业招工难的问题。

在以往的高校经济管理类专业教学中，教材的内容具有滞后性和陈旧性，教材的更新速度较慢，学生难以接触到最新的经济类知识和管理类理念和方法。而加强校企合作，高校就能够掌握经济管理方面的最新动态，从而实现对专业内容的创新。高校掌握了企业对经济管理专业人才的需求，知道经济管理专业的人才应该具备怎样的理论知识和实践操作技能，同时也能够掌握企业未来的发展趋势，就能够结合实际的情况来制定更有针对性和更科学的教学内容，提高教学内容的实用性和科学性。

（二）校企合作模式在经济管理类专业教学中的作用

第一，加快教学改革进度。经济管理类专业教学过程，校企合作能够帮助高校对企业人才需求进行了解，以便于高校进行人才培养计划的制订，即将企业用人需求作为基础，通过对专业课程的改革，有效解决当前高校学生和企业间的差异，从而培养更多企业需要人才。

第二，优化教学内容。对校企合作模式进行应用和引入，在高校的经济管理类专业发展和改革中占据重要作用，在引导高校及时掌握企业用人方向的同时，可以将其理论、技能需求应用于教学体系，通过对理论知识与实际操作的结合，全面提升教师教学能力，实现教学质量和水平的提高。

第三，完善课程建设。对于经济管理类专业教学来讲，将理论知识教学作为重点，通过案例的应用加深学生理论知识学习，同时对当前考核方式进行优化，以便于弥补实践教学存在的不足，在保证学生适应各项工作需求的基础上，以客观评估方式掌握当前知识和技能，从而制定符合未来职业发展的规划。

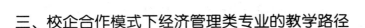

三、校企合作模式下经济管理类专业的教学路径

校企合作近年来成为高校教育的热门，其打破了常规的人才培养模式，在人才培养中增强了高校和企业之间的联系，以企业的实际需求为导向来制订人才培养方案，同时给学生提供实践平台，强化实践教学的效果，从而让学生能够学习课本上以外的经济管理类知识和技能，让学生毕业之后能够更快适应职业生活，而企业也能够以自己的实际需求为基础参与到高校的人才培养中，从而培养出让企业满意的人才，实现高校和企业的双赢。

（一）科学制度人才培养体制

对于校企合作模式来讲，高校进行经济管理类专业教学时，对于人才培养目标的制定，需要将符合企业发展需求作为重点，以此培养更多专业人才。然而，企业人才需求通常是以自身发展为前提，因此，高校进行人才培养目标的制定时，应该结合企业规划和需求进行，在高校、企业相互沟通下，对其人才培养体系进行科学制定。在校企合作中进行方案制定时，首先需要进行企业发展现状掌握，在深入研究企业发展在人才需求和发展要求后，保证人才培养体制的制定具有针对性和前瞻性特点。

在校企合作模式下，高校展开经济管理类专业教学时，应该拥有完整人才培养结构，如知识方面和素质方面等，只有保证专业能力和素质培养体系的完整性，才能确保专业课程教学的有效进行，在严格按照校企合作岗位合作等相关原则下，尽可能保证理论知识和实务操作等一体化。

在校企合作模式下来实施经济管理类专业教学，能够以企业的实际需求为导向来制定科学的人才培养方案，从而培养出符合企业需求的经济管理类专业人才。在校企合作模式下制定人才培养方案，首先要求高校应该加强对企业经济管理行业发展现状的调查，了解企业对经济管理工作岗位的需求，分析经济管理工作岗位人才的职业能力、道德能力、操作能力和专业素养等，以此来制定经济管理类人才培养的任务。分析经济管理专业能力结构和素质结构，从而制定经济管理类专业人才的能力框架、知识框架和素质框架，并以此为方向来培养人才，更有针对性来制订教学计划，设置科学合理的课程，遵循经济管理专业发展和工作岗位需求的统一性，在教学环节中加强理论教学和学生实践技能的紧密结合。

（二）建设校内外实训基地

现代企业对人才的实践能力和职业技能要求较高。在校企合作模式下，高校可以建立校内外实训基地，以增强学生的实际操作技能和职业素养。高校与相关企业合作，根据企业的人才需求制定教学目标和教学方案，将学生派往企业实习，以加深他们对相关知识的理解。此外，高校还可以建立校内实训基地，提供先进的实训设施，为学生提供职业能力提升的平台，以积累实际实训经验。高校应充分利用现有的教学资源，根据专业特点建立经济管理实训中心，模拟与企业相似的工作环境，培养学生的实践技能。

高校需要加强实训基地的建设和规划，增加资金投入，购置必要的设备，并与企业合作管理，以提高学生的职业素养和实践教育水平。实践教学内容需要合理规划，为学生提供更多思考和创新的机会。

对于经济管理专业而言，教学内容具有较强的实际应用性。因此，在校企合作模式下，需要重点强化学生的实际操作技能。在整个校企合作模式中，实训基地的建设至关重要，通过充分利用现有资源，全面提高学生的实际技能。因此，高校应根据经济管理专业的特点对实训基地进行优化和完善，以弥补课堂教学的不足，提高学生的理论知识和实际技能水平。

第四章　经济管理学生素质教育及能力提升

第一节　经济管理学生素质教育工作

一、学生素质教育工作

（一）素质的特征与结构

1. 素质的特征

（1）内在性。素质是指构成人的基本要素的内在规定性。这种"内在规定性"不是一种可以直观的东西，它总是通过它与其他事物的关系以及同他人的关系中才能表现出来。一个人的智力素质必然在其学习活动与实践活动中以其观察力、记忆力、联想力、判断力以及创造力等形式体现出来；一个人的道德素质必然在与他人（包括个体与群体）交往的过程中以其一定的道德观念与具体的道德行为体现出来。所以，尽管素质是内在的，但并不是神秘不可捉摸的，而是可以认识和把握的。

（2）稳定性。与素质的"内在性"特征相关联，素质具有"稳定性"的特征。素质的"稳定性"根源于素质的内在性。素质一旦在人的活动中凝结而成，便作为一种内在的"质"而存在，因而它必然具有相应的规定性，也就是具有相应的"度"，这个"度"正是保持质的稳定性的数量界限。

人的素质是由人的活动决定的，而人的活动从来就不会停留在一个水平上，所以，人的素质也总是随着人的活动而变化发展，正是在这个意义上，才谈得上去提高与改善人的素质。

（3）整体性。整体性，是指系统中的诸多要素作为一个相互联系的整体而起作用。人的社会实践和社会关系以及由此决定的人的特性都是多层次、多方面的。因而人的素质也是由不同层次、不同功能的各种素质所构成的系统。各素质之间既相互独立又相互制约，协同作用，发挥着整体效应。人的素质系统作为一个整体，具有其特殊的规定性，具有它的任何一项单个素质所不具有的性质和功能。人们在其活动过程中，由活动的特殊性质所决定，也许对人的某方面的素质要求更为突出，但无论对某项单个素质的要求有多么突出，人的素质系统总是作为一个整体而做出反应。素质的整体性要求人们在考察与发展人的素质时，要着眼于人的素质整体，将素质整体的功能和效益作为认识和处理素质问题的出发点和归宿。

（4）社会历史性。

第一，社会性是人的根本属性。人的社会性决定了人的素质的社会性。如前所述，人的素质是在人的活动中形成与发展的，而人的活动又是在一定的社会关系中进行与展开的。人们所处的社会条件与社会需要始终制约着人的素质的形成与发展，而人的素质一旦形成，又作为人们从事社会活动的主体条件，对社会产生巨大的影响。

第二，人的素质既具有社会性，也具有历史性。人的活动在不同的时代有不同的性质与规模，人的素质也必然适应时代的需要而不断变化发展着。

随着社会经济文化水平的提高、人民生活的改善、医学科学技术的发展、社会福利保障制度的建立和完善等，人类的平均寿命也在不断延长。这说明人的生理素质是在不断提高的。

2. 素质的结构

（1）自然素质。自然素质即先天遗传的生理素质，指在遗传基础上形成和发展起来的生理解剖特点（如性别、年龄、体质、体格、神经系统、脑、感觉器官等）和生理机能特点（如运动、反应速度、负荷限度、对环境的适应力、对疾病的抵抗力、潜能开发等）。它具有遗传性、个体差异性、生长发育成熟的阶段性、潜能开发的无限性等特点。人的自然素质结构中的物质方面，是整体素质发展的基础。

（2）心理素质。心理素质关乎个体在心理层面的特性和品质，涵盖智力结构特性和品质（如智商水平、认知结构、思维能力、创新能力的等方面）；个性结构特性和品质（如兴趣、爱好、动机、意志、情感、信念等）；自我意识（如自我控制、自我评价、自我认识、自我体验等）；以及气质和性格特点等，在人的综合素质中，心理素质具有独特地位。人的自然遗传素质和身心潜能的开发和实现程度，社会文化历史经验在人的身心结构中内化、积淀程度，都可以从人的心理素质水平得到综合反映。因此，它具有先天因素和后天因素的特点。

（3）社会文化素质。社会文化素质指以人的生理组织结构为载体，并通过内化的心理过程才能形成的社会文化素养。它包括思想素质、政治素质、道德素质、科学文化素质、审美素质、劳动技能素质、思维素质、创新素质等。如果说人的自然生理素质具有较大的稳定性，那么，人的社会文化素质则具有明显的变动性。它敏锐地折射着环境变化和教育的影响，并且有鲜明的时代特征。

（二）素质教育的内涵与特征

1. 素质教育的内涵

素质教育是指以提高国民素质为根本宗旨，以面向全体学生，培养学生创新精神和创新能力为重点，使学生在德智体美等方面全面、充分、和谐发展的教育。从素质教育的概念来看，素质教育包括以下三个方面的内容。

（1）素质教育的宗旨，提高整个民族素质。素质教育是改革开放时代所产生的新生事物，它的提出是针对应试教育的弊端而提出来的。早期素质教育的实践大多是针对中小学的应试教育而言的，所以，人们认为素质教育只对中小学教育而言，素质教育的工作重点应当放在基础教育阶段，这是一种狭隘的认识和理解。素质教育就是要将群体（指国民群体）素质转化为个体（指公民个体）素质，并通过个体（公民个体）素质的完善来提高群体（国民群体）素质。

实施素质教育应当贯穿于幼儿教育、中小学教育、职业教育、成人教育、高等教育等各级各类教育，只有从幼儿教育直到高等教育，使学生的基本素质得到提高，使学生的潜能都能得到适当开发，使学生都能确定适合自身特点的发展方式，才是符合新时期高质量、高水平的教育，才能达到提高整个中华民族素质的目的。

（2）素质教育的重点，面向全体学生，培养学生创新精神和创新能力。教育是知识创新、传播和应用的主要基地，是培育创新精神和创新人才的重要摇篮。全面推进素质教育，重点就是要面向全体学生，培养学生的创新精神和创新能力。素质教育就是要转变这种传统的教育观念，重视发展学生的个性、特长和爱好，精减教育内容，因材施教，重视综合实践训练，改革考试制度和评分标准，要培养学生的创新精神，创新能力离不开智力活动，但创新能力绝不仅仅是一种智力特征，更是一种人格特征，一种追求创新的意识，一种积极探究问题的心理取向，一种积极改变自己并改变环境的应变能力，是智力因素和非智力因素的综合。素质教育的实质，就是要把教育教学从以培养和发展学生的注意力、记忆力、观察力、思维力等智力因素为中心，转到在发展智力因素的同时，注重培养和发展学生的情感、动机、兴趣、爱好、意志、性格等非智力因素，并使它们相互促进、融会贯通、协调发展，以培养学生的创新能力。

（3）素质教育的关键，注重学生全面、充分、和谐发展和健康成长。各级各类教育都有实施素质教育的特定目标和任务，所有高校都有责任把德育、智育、体育、美育等方面有机地统一在教育活动的各个环节之中，努力使各方面教育成为不可分割的整体，相互渗透、协调发展。强调各级各类院校教育之间要注重相互衔接、整体推进，不断为学生创造宽松的发展环境，促进他们全面发展和健康成长，这既吸取了古今中外优秀教育思想的精华，又符合我国现代化建设对国民思想道德和科学文化基本素质的客观需要，也是实施素质教育的一项长期而艰巨的任务。

2. 素质教育的特征

（1）主体性。素质教育的主体性强调教育要尊重和发展学生的主体意识和主动精神，培养和形成学生的健全个性。学生学习的过程，必须是主动获取、主动发展的过程，而不是被动的灌输过程。素质教育是充分发挥人的主体性的教育，以学生为主体，强调教育要尊重和发展学生的主体意识和主动精神，使他们积极地接受教育。这样，外部因素就会转化为学生主体的内部因素，并且充分表现出教师的主导作用。

根据素质教育的主体性特征，素质教育不是把人看作物，而是把人看作人，不是把学生看作知识的接收器，而是看作知识的主人。因此，素质教育重视开发学生的智慧潜能，不断培养学生的认知能力、发现能力、生活能力、发展能力、创新能力、创造能力。

根据素质教育的主体性特征，素质教育不仅仅是把学生作为认知体，更重要的是把学生作为生命体。它要指导学生如何做人，要指导学生做自己生命的主宰者。因此，素质教育注重学生独立人格的培养和形成。

根据素质教育的主体性，素质教育必然遵循教育的个性化原则来发展学生的个性。培养出来的人才应当是"全面发展加特长"，全面发展是"共性"的东西，特长是"个性"的东西，没有个性就没有创造性。素质教育就是要求在全面发展的前提下鼓励创新，在合格的基础上鼓励冒尖，在规范要求的前提下发展个性特长。

总之，"素质教育是以培养人的能力、发展人的个性、提高人的综合素质为目的的一种教育方式和教育理念"[①]。经济管理教师要尊重学生的主体地位，发挥学生的主体作用，调动学生主体的积极性，让学生在主动学习中得到发展。

（2）基础性。基础是指事物发展的根本或起点，是某系统中最基本、最主要、最具长远影响力的部分，是其他一切部分赖以生长和发展的立足点。基础性的教育不是直接出人才而是为未来人才的成长奠定基础的教育。如同素质教育的主体性一样，素质教育的基础

---

① 纪金莲. 非会计专业会计学实践教学中加强学生素质教育研究［J］. 会计师，2009（09）：31~32.

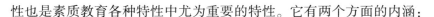

性也是素质教育各种特性中尤为重要的特性。它有两个方面的内涵：

第一，学生的素质——做人的基础。学生上学读书的主要目的就是学习做人，它包括做什么人和怎样做人。21世纪的教育不仅要使学生有知识、有本领、会做事，更要学会做人。这是学生学习的"基本功"，也是对他们最起码的却又是最必要的要求。所以，素质教育的落脚点就要落实到如何教会学生做人这一基础性的工作上来。

第二，个人的素质——整个民族素质的基础。素质是人的一种基础的、基本的品质，基础教育则是提高民族素质的奠基工程。通过近些年素质教育的理论探索与实践，人们越来越意识到，要提高民族素质，必须从培养每个人的素质入手，个人的素质是民族素质的基础，民族素质是个人素质的融合与升华。因此，必须通过各种途径和渠道广泛开展素质教育，以培养每个人的素质，以此为基础提高民族素质水平。民族素质得到提高后，反过来又促进每个人的素质水平的提高。

（3）全面性。素质教育要坚持"两全"方针，即面向全体学生，使学生全面发展。素质教育以提高国民素质为根本宗旨，以促进每个人的发展为目标，从而使每个学生都具有作为新一代"社会主义建设者和接班人"所应具备的基本素质。素质教育的全面性集中体现在以下两个方面。

第一，要求所有学生的素质都得到发展。教育特别是义务教育，要对每个学生负责，为每个学生的素质发展创造必要的和基本的条件。它不是面向少数个别学生而是面向全体学生，不是英才教育，而是全民教育，不是选拔教育，而是普及教育。它要使每个学生进得来，留得住，学得好，充分发展。这是素质教育的本质要求所在。与素质教育相比，应试教育不是面向全体学生，而是重视高分学生，忽视大多数学生特别是差生，这从根本上违背了"教育机会人人均等"的原则。

第二，要求每个学生各个方面的素质都得到发展。人的发展是整体性的，包括德智体美等方面。身体、心理、技能、知识、品德、情操等都是人发展目标的组成部分，只有各方面素质都得到全面发展的人，才算是完整的人。

素质教育是一种使每个人都得到发展的教育。它要求每个人都能在他原来的基础上有所发展，都能在他天赋允许范围内充分发展。不过，素质教育也不赞成教育上的平均主义和"一刀切"，全面发展并不等于平均发展或同步发展。

正确认识素质教育的全面性具有重大的社会意义。首先，它能保证整个民族的文化素养在最低的可接受的水平上，推进国家经济建设和民主建设。其次，它能贯彻社会主义的"机会均等"原则，为每个学生的持续发展提供最公平的前提条件。最后，有利于人们理解全面发展与因材施教的辩证统一关系。素质教育中的全面发展，就个体而言，指的是

"一般发展"与"特殊发展"的辩证统一。就群体而言，指的是"共同发展"与"差异发展"的辩证统一。在教学中，要注意把培养优秀人才和全面提高劳动者素质的任务统一起来，把及格率与优秀率结合起来，在保证及格率的基础上提高优秀率。

（4）差异性。承认素质教育的全面性，就必须承认素质教育的差异性，因为受教育者之间存在个体差异。这不仅仅表现在受教育者先天的遗传存在差别，而且表现在其自我身心发展与智能发展的后天条件都有不同，因而其逐渐形成的自我意识水平与兴趣爱好、个性特长存在差别。每个人的发展方向、发展速度乃至最终能达到的发展水平都会是不同的。这种差异决定了教育工作不能要求有差异的受教育者个体达到绝对统一的教育目标，而应当使每个受教育者能在自己原有的基础上得到发展，承认个体发展的差异性，重视个人素质的提高，这是素质教育区别于应试教育的显著特点。承认人的差异性，不轻易地以简单划一的标准区分优劣，鼓励人才的多层次发展，正是素质教育区别于应试教育和"精英教育"的显著特点。

（5）时代性。任何一件新生事物出现，即使是学术上的一个新观点的出现，都有一定的时代背景。素质教育的产生也具有鲜明的时代特征。

第一，改革开放时代的产物。素质教育是改革开放时代所产生的新生事物，随着经济、政治、科技体制改革的深化，教育体制的改革也势在必行，否则，教育体制和运行机制就不能适应日益深化的经济、政治、科技体制改革的需要。在改革开放的新时期，理论界和教育界冲破了传统观念的束缚，挣脱了各种旧的思想观念的羁绊，大胆地以新的思维方式审视教育工作，对几十年沿袭的传统人才培养模式重新进行审视、质疑，适时地提出了素质教育的新观念，并从教育观点、教育思想、教育手段、教育方式等方面，对传统教育进行了深刻的变革。

第二，知识经济时代的客观要求。迅速到来的知识经济促进素质教育的全面实施。知识经济是以现代科学技术为核心，建立在知识和信息的生产、分配和使用基础上的经济。随着知识经济时代的迅速到来，科学技术突飞猛进，国力竞争日趋激烈。教育作为经济振兴和科技发展的基础，作为面向未来的事业，就必须主动适应我国建立国家创新体系、实现知识创新和技术创新的需要。

创新是知识经济的核心。在知识经济时代，劳动者要具备较高的文化水平、技能水平及创新能力与创造能力，这些归结起来就是人的高素质，而人的高素质的培养需要通过教育这个途径来实现。我国的教育要肩负起神圣的历史使命，就要从传统的教育向现代教育转变，实施与知识经济相适应的素质教育正是培养具有创新精神、创新能力人才的根本保证。

（6）发展性。素质教育不仅注重学生现在的一般发展，重视学生的一般发展对未来发展的价值，而且更重视直接培养学生自我发展的能力。传统的高校一次性教育是不能适应科学技术日新月异的发展需要的，知识的更新周期越来越短，高新技术突飞猛进，人们必须不断地学习，不断地更新自己的知识，扩大自己的知识面，学习将伴随人的终生。素质教育的真谛就在于交给学生一把打开知识宝库的"金钥匙"，不仅要让学生"学会"，而且要让学生"会学"，不仅要给学生知识，而且要给学生洞开知识宝库大门的"金钥匙"。

（7）开放性。素质教育的开放性主要包括两个方面的要点：①由于素质教育涉及学生的全面发展，所以，教育内容要宽，应有相应宽广的教育空间和多样化的教育渠道；②素质教育要求教育突破学校、课堂和书本的局限，建立起学校教育、家庭教育、社会教育三者相结合的教育网络。要求建立学科课程、活动课程和潜在课程相结合的课程体系，从而使教育内容、教育空间、教育渠道具有开放性，以适应学生素质的全面发展，实现素质教育的目标。

（三）素质教育的目标体系

1. 素质教育目标的功能表现

制定素质教育目标，对保证素质教育的实施具有重要的作用。要保证素质教育的效果，必须首先提高教育者的目标意识，使教育者在教育中有一个明确的目标准则。

（1）素质教育目标的承上启下的作用。任何国家都要通过教育对本国青少年的素质发展提出要求。这些要求一般反映在国家的教育方针和对教育总的目的上，是宏观层面上对学生提出的素质要求。无论是宏观层面上还是微观层面上的要求，都有各自的作用。前者是从社会政治、经济、文化发展的需要出发提出了人才培养的规格，对整个国家的教育方向、性质、目的和任务提出了总的要求；后者则对各项具体教育工作的进程、要求、目标做出具体规定。素质教育目标体系是将宏观层面上的要求具体化、系统化，将微观层面上的要求综合化、概括化，统一体现于人的素质的全面发展。它是介于宏观层面和微观层面之间的中间体系，起着承上启下的作用。对上把党和国家对人才培养的要求具体化，使各级各类院校能在党和国家教育方针的指引下，明确高校培养学生的质量规格。对下则能将各个具体领域的单项规定综合化，统一体现于人的素质发展，使高校教育教学能从总体上把握方向。

（2）素质教育目标具有导向功能。素质教育概念，首先是针对基础教育中存在的应试教育提出来的。应试教育虽然也培养学生的素质，如通过科学文化知识的传授，形成学生的认知结构和认知能力，这是人的素质的一个重要方面，但应试教育对学生素质的培养是不全面的，重智育轻其他各育，重视部分人而忽视大多数人的发展。

素质教育目标则着眼于素质发展的整体性、全面性，把每个人的个性发展看成整个民族素质提高的保证和前提。它对高校教育具有定向、激励、调节、评价功能。它的建立可使高校明确办学方向和培养目标，科学地设置课程体系，纠正应试教育的弊端。

（3）素质教育目标的规范和检测功能。在应试教育中，评价高校教育质量的主要依据是学生的升学率，由此造成了高校将教育活动的注视点集中在学生对书本知识的掌握上。即使是能力培养，也仅局限于运用知识解决一些逻辑思维的技巧问题的狭隘圈子里，使学生为应付考试中的难题、偏题和怪题花费大量时间和精力，影响了学生整体素质的全面发展。

素质教育的目标体系则对学生各种素质的培养提出了更为清晰具体的要求和标准。它一方面对高校的教育教学起着规范作用，另一方面也为高校教育教学的效果检测提供了标准。

（4）素质教育目标可以扩大教育的视野与功能范围。素质教育理论认为，教育的功能一是开发人的自然潜能，并使这种潜能外化为人的学习、工作、生活、劳动等社会实践的能力；二是组织和指导青少年通过学习和社会实践，将人类长期积累的文化成果内化为己有，积淀于身心组织之中，形成比较稳定的，符合国家、社会、时代需要的理想、信念、情感、态度以及合理的认知结构和认识能力。但教育究竟在多大的范围内发挥它的功能和作用，这是随着人类认识的不断深化而变化的。理论界就此从人的素质发展的三个层次进行了分析：

第一，自然成长和发展的素质。如身高、体重，这个层次的素质会随着人的年龄的增长而自然成长和发展。

第二，素质需要在人类环境的影响下方能发展，不能自然成长和发展。例如人的智能，离开了人所生存的一定的社会环境，就不可能得到发展。

第三，素质不仅要有人类生活环境，而且要有一定的教育和训练才能发展。

研究素质教育目标，就是要通过逻辑的、理性的思考，提出具有一定结构和层次的素质教育目标体系，把教育的注意力扩展到更大的范围，使那些处于自然成长水平和环境影响发展水平的素质通过教育发展到更高的水平。

2. 素质教育目标的构建依据

构建素质教育目标，不仅必须依据一定的科学理论、国家的教育方针、国家经济社会发展的基本情况，而且必须体现学生素质发展和各级各类高校的具体实际的客观要求。

（1）社会需要。当今社会是一个发展迅速、竞争激烈的社会。知识的更新速度越来快，高校已不可能传授学生终身享用的知识技能。随着科学技术的不断发展，社会生产也由劳动密集型向智力密集型转化。企业的科技含量越来越高，物化劳动占的比例越来越大，机器不仅可以生产机器，而且还可以操作机器；不仅可以代替人的体力劳动，而且可以代替一定的脑力劳动。这样，对人的素质要求将越来越高，不仅仅要求人具有某种知识和技能，而且还要求具有不断更新知识和技能的能力，具有在社会发展中进行竞争和谋求发展的能力。

（2）教育规律。各个时期教育的侧重点及所要达到的目标都应有所不同，各个阶段的教育必须注意其发展的连续性和协调性，保证个体的能源系统——身体、工作系统——智力、动力系统——非智力因素、导向系统——思想品德等基本要素协调发展，形成合理结构，保持动态平衡的发展态势。素质教育目标体系的构建，就应根据人的自身发展的自然规律性，科学地构建受教育者各个发展时期的目标体系。

（3）教育目的。先进的教育目的是高校素质教育目标体系构建的总的原则依据。当代先进的教育目的论主张学生全面和谐地发展。随着教育理论研究和实践的发展，教育目的论也不断发展，这进一步充实了全面发展的内容，在德、智、体的基础上又增加美、劳、心等，且每一方面的内涵越来越素质化，各方面联系也越来越紧密。由教育目的论得知，高校素质教育必须坚持促进学生素质全面和谐发展这个总目标，在构建具体的素质教育目标体系时，必须坚持全面性，既不应不顾学生的个性差异去强求学生的均衡发展，更不能只重视某些单项目标的实现而忽视某些基本素质的培养。

3. 素质教育的素质及其目标

（1）科学文化素质教育。科学文化素质教育的目的在于使学生学习并掌握人类千百年积累下来的精神文明财富，形成较强的学习能力和良好的学习习惯，构建起必要的知识技能结构。现代社会高度发展，科学技术发展日新月异，知识更新周期越来越短，人要接受这个高度发展的社会的挑战，必须具有较高的科学文化素质，不断更新自己的知识。

科学文化素质教育在整个素质教育中占据着中心地位。这不仅是因为科学文化素质教育在整个高校教育活动中占据着最大的时间比例，同时还因为科学文化素质教育的实施为学生素质的全面发展提供了科学知识基础。没有它，人的潜能不可能得到开发。

科学文化素质教育的目标是：通过向学生传播各种科学文化知识，使学生形成良好的知识结构；并在此基础上发展他们的认知兴趣和能力，传授和训练学生的基本技能，使之掌握社会生产和生活及自身发展必须具备的技能素质。培养学生良好的学习习惯，使之掌握正确的学习方法。

（2）思想政治素质教育。思想政治素质在受教育者的素质结构中起着定向的作用。高校教育必须将学生的思想政治素质教育放在首位，这是由高校的社会主义性质所决定的高校的根本任务是培养人，人总是一定社会的人，必然对社会政治有所归属，社会政治亦必须通过高校培养人才来延续发展。因此，社会主义高校必须加强学生的思想政治素质教育，以保证人才的政治质量。培养学生具有较高的政治素质，使之形成社会主义的政治立场、观点，树立共产主义理想、信念，确立中国特色社会主义共同理想，弘扬以爱国主义为核心的民族精神和以改革创新为核心的时代精神，热爱社会主义祖国和中国共产党；培养学生具有较高的思想素质，初步形成辩证唯物主义和历史唯物主义的思想观点，掌握正确的思想方法，初步确立正确的世界观、人生观、价值观。

（3）道德素质教育。道德素质包括正确的道德认识、健康的道德情操、坚韧的道德意志、良好的道德行为习惯四个要素。这是调节人的行为、处理个人与他人以及个人与社会关系所必需的，是学生成长为一个合格的现代公民所必须具备的极为重要的条件，是学会做人的根本。学生的道德素质的培养与国家兴衰、民族存亡息息相关。一个国家只有公民具有高水平的道德素质，国家才具有凝聚力和战斗力、竞争力。正因如此，高校必须始终不渝地把道德素质教育放在十分重要的位置上。

道德素质教育的目标是：培养学生具有社会主义的道德情操和道德行为规范，遵守公民基本道德规范，遵守社会公德、职业道德、家庭美德；具有民族自尊心、自信心、自豪感，养成艰苦奋斗、勤俭节约的美德；具有较强的社会责任感和义务感，养成忠诚老实、谦虚谨慎的好品德。

（4）身心素质教育。

第一，身体素质。身体素质是人的整体素质的基础，在素质教育中，体格、体型、体质的培训，感官的训练和左右脑的开发，应作为一项不可缺少的奠基工程给予特别关注，尤其是在承认人的自然素质具有客观性和丰富的潜能的前提下，通过现代化的教育来合理开发人的潜能变得更为重要。

身体素质教育的目标是：通过教育，使学生掌握有关人体的生理解剖知识。懂得生理卫生保健知识和健身的基本知识、技能。养成良好的锻炼身体的习惯和卫生习惯。促进学生生理器官机能水平的提高，增强体质和提高抵抗疾病的能力。

第二，心理素质。心理素质对人的思想道德培养、智力开发、身体发育等而言是一种基础性因素。心理素质包括广泛的兴趣、积极的情绪、奋发的进取心、健康的个性等，是适应环境、赢得学习和生活成功的必要条件，是形成和发展人的社会文化素质的基础。

心理素质教育以培养健康的心理、健全的人格为基本目标。它的主要内容有：开发人的潜能，使人获得正常的智力；培养愉快的情绪，使人乐观向上、积极进取，对生活充满信心，并具有一定的情绪调控能力；形成坚强的意志，使人能主动、自觉地迎接挑战，具有果断、坚韧、勇敢的品质；养成协调的行为习惯，使个体心理行为符合环境需要和自己的身份，与社会环境和他人关系保持和谐；形成良好的个性心理品质，做到自知、自尊、自信、自立、自律、自强。

（5）审美素质教育。审美素质包括良好的审美意识、健康的审美情趣、一定的欣赏美和创造美的能力等。良好的审美素质有助于人追求真理，发扬美德，能增进身心健康，激发人对美好生活的向往。对受教育者进行审美素质教育，不仅可使受教育者按照美的规律来塑造自己的完美人格，而且还可促进他们其他素质的发展。审美素质教育的目标是：向学生传授有关自然美、艺术美和社会美的基本知识，培养学生正确的审美观、健康的审美情趣。训练学生具有初步的感受美、欣赏美、表现美的能力。

（6）思维素质教育。思维是智力的核心，良好的思维素质是现代社会对人才的基本要求。现如今是各方面都在发生深刻变革和变动的时代，实践主体的能动性空前增强，主体的自由程度越来越大。自然界越来越置于人类的支配之下。人类的认识能力、思维能力在不断提高，主体的思维方式日益科学化。科学技术越来越转化为直接的生产力，成为现代实践的强大杠杆，为人们认识能力的提高和思维方式的进步提供了强大动力。科学呈现出高度分化和整体化的双重趋势，实践活动的协调变得日益突出，这对人们的思维活动和思维方式产生着深刻的影响。

思维素质教育的目标是：通过向学生进行思维能力的开发与训练，思维素质的教育与培养，使学生觉察思维能力、记忆思维能力、分析思维能力、想象思维能力得到提高；使学生树立科学的价值观，不断提高思维方式的科学程度和发展水平，具有现代的思维方式，掌握现代的思维方法，具备良好的思维品质。

（7）劳动素质教育。劳动素质包括热爱劳动的态度，自觉劳动的习惯，一定的生活自理能力和劳动技能等。这是青少年学生投身改造自然，投身社会的物质生产劳动和精神生产劳动的基础，也是通过实践促进其他各种素质形成和发展的需要。因此，劳动素质教育不仅是我国社会主义现代化建设人才的客观需要，也是促进青少年自身素质全面发展的一个客观要求。劳动素质教育的目标是：使学生树立正确的劳动观念和劳动态度；具有从事自我服务、社会公益、工农业生产等劳动的基本知识和初步经验；掌握简单的生产过程的基本原理和技能等，具有一定的操作能力；养成热爱劳动和珍惜劳动成果的习惯。

（8）创新素质教育。创新是知识经济的灵魂，知识经济时代要求改变纯粹把教育作为文化和知识的传播手段的观念。它要求通过教育把人的创造精神引发出来，把人的人格心灵"唤醒"，开发人的潜能。因此，对学生进行创新素质的培养非常重要。创新素质由创新意识、创新心理品质、创新能力和创新知识结构四个要素组成。创新素质的形成和发展与人的一般素质的形成和发展一样，离不开教育和培养。创新素质教育的目标是：通过对学生进行创新素质教育，在使学生全面发展的基础上，因势利导，因材施教，充分发挥学生各自的个性特长，使学生树立创新意识，确立创新心理品质，提高创新能力，形成创新知识结构。

二、经济管理学生素质教育的重要性

经济管理学生素质教育是当今教育体系中的一个至关重要的组成部分。它不仅仅是为了帮助学生更好地理解和运用经济知识，更是为了培养学生的综合素质，使他们能够在日常生活中更加自信、独立和负责任。

第一，经济管理学生素质教育有助于培养学生的经济意识。在一个日益全球化和竞争激烈的社会中，经济意识是非常重要的。学生需要了解如何管理自己的财务，如何做出明智的经济决策，以及如何理解市场经济的基本原理。这些知识可以帮助他们更好地规划未来，避免陷入财务困境，并在职业生涯中取得成功。

第二，经济管理学生素质教育有助于培养学生的财务责任感。学生需要学会如何储蓄、投资和合理消费。他们还需要了解信用和债务的概念，以避免过度债务和信用问题。通过教育，学生可以学会如何制定预算，管理他们的收入和支出，这些技能将在他们成年后生活中发挥关键作用。

第三，经济管理学生素质教育有助于提高学生的综合素质。这种教育不仅仅是传授经济知识，还涉及思维方式、决策能力、沟通技巧和团队合作。学生将学会分析问题，做出明智的决策，并与他人合作解决经济挑战。这些技能对于他们未来的职业和生活都非常重要。

第四，经济管理学生素质教育也有助于培养学生的创新能力。经济管理不仅仅是一门理论课程，它还涉及实际的问题和挑战。学生需要找到创新的方法来解决这些问题，这将激发他们的创造力和创新思维。他们将学会如何应对不断变化的经济环境，并发展适应性强的技能。

第五，经济管理学生素质教育还有助于培养学生的社会责任感。学生将学会如何在经济活动中考虑社会和环境的因素。他们将了解企业社会责任的概念，以及如何在经济决策中平衡经济增长和可持续发展。这将有助于培养未来领导者和决策者的社会责任感，使他们能够做出更有益于社会的决策。

三、以多元智能理论为指导，实施素质教育

多元智能理论认为人的智力是彼此相互独立，以多元方式存在着的一组智力，人的智力结构至少由七种智力要素组成，即语言智能、数理逻辑智能、空间智能、身体运动智能、音乐智能、人际交往智能和自我认识的智能。以多元智能理论为基础开展素质教育，对学生素质的客观评价将综合而公正，有利于学生的全面发展。

第一，多元智能理论强调了个体差异。经济管理学生在不同的智能类型上可能表现出不同的优势。一名学生可能在逻辑数学智能方面表现出色，而另一名学生可能在人际智能方面更为突出。因此，教育者应该根据学生的个体差异来制订教育计划，以确保他们的多元智能得到充分发展。这有助于激发学生的学习热情，提高他们的学业成就。

第二，多元智能理论强调了多样化的教育方法。传统的经济管理教育通常侧重于言语智能和逻辑数学智能，而忽视了其他智能类型。然而，多元智能理论鼓励教育者使用多种不同的教育方法，以满足不同类型智能的学生的需求。这包括使用视觉材料、音乐、体育和互动式教育活动。通过采用多样化的方法，经济管理学生可以更全面地发展他们的多元智能，提高他们的综合能力。

第三，多元智能理论强调了终身学习。经济管理是一个不断发展和变化的领域，要求从业者不断更新他们的知识和技能。多元智能理论鼓励学生培养内省智能，即自我认知和自我管理的能力。这种智能有助于学生建立学习目标、规划学习路径并不断自我反思和改进。这对于经济管理学生在职业生涯中的成功至关重要。

第四，在实施多元智能理论指导下的素质教育时，教育者和高校需要采取一系列措施。首先，教育者应该接受培训，以了解多元智能理论并如何将其应用于经济管理教育。其次，高校应该提供多样化的教育资源，包括教材、设施和活动，以支持多元智能的发展。此外，高校可以鼓励学生参与课外活动，如音乐、体育、社交活动等，以促进他们各种智能类型的成长。

四、经济管理学生素质教育的优化策略

第一，加强对学生的经济管理素质教育的重视程度。高校的领导者需要重视学生的经济管理素质教育，要将提高学生的经济管理素质作为一项重要工作来抓。与学生接触最为密切的教师更要重视学生的经济管理素质教育，有意识地向学生宣传经济管理素质教育指导，让学生了解经济管理素质对学生将来就业和发展的重要性。同时注重培养学生的经济管理意识，积极组织学生进行经济管理方面的实践活动，在实践中培养他们的经济管理

意识。

第二，加强经济管理素质教育途径的拓展。高校应积极采取多样化的途径，充分利用现有的条件和资源加强经济管理素质教育。开设经济管理类课程，使学生系统地掌握经济管理相关理论知识，为以后的实践、研究等奠定基础。也可鼓励学生积极参加经济管理类的讲座，同时还可以激励学生自己面向师生作经济管理类的报告；利用假期组织在校生到企业或工厂进行实习或参观，让学生亲身体验经济管理知识在解决实际问题中的积极作用，使他们在实践中发现自身在经济管理素质方面的欠缺，从而促进其加强对经济管理知识的学习，主动提高自身的经济管理素质。

第三，加强经管师资队伍的培养。经济管理教学质量的好坏、学生的学习效果等都与教师自身的经济管理素质有着密切的联系。高校一方面要定期对授课教师进行评估，提高其各方面的能力和素质；还要加强对授课教师进行专门系统的经济管理素质教育的培训；教师也应不断学习最新的经济管理理论知识，更新和完善知识结构。同时，加大人才的引进力度，尤其是高素质的经管人才。

第四，教材的编制要有针对性，完善经管类课程设置体系。为了适应日益更新的知识和不同专业的特性，就需要针对不同的专业编制不同的经济管理类教材。教材的内容应该紧密结合相关学科的最新发展趋势，可以适当增加一些与学生将来所从事工作有关的实践性的内容作为案例分析编制在教材内。我国高校还需要完善经济管理类课程体系，将课程分为不同的层次，如基础性课程、应用性课程、实践性课程等，并将所开设的课程系统化，形成一个完善的课程教育体系。

第二节　经济管理学生的就业问题与指导

一、学生的就业价值观解读

就业是指具备工作能力的人们以劳动力资源的形式合法创造社会价值，并得到相应报酬的活动。价值观是人们在生活实践中逐渐形成的对于客观事物的观点与看法，体现人们的价值判断与追求，同时对其生活实践的价值选择起到重要的指导作用。正确的就业价值观是学生进行科学的就业价值定位的前提，树立正确的就业价值观，以成功完成自我定位，在充分认识自我和了解社会需求的基础上积极就业、高质量就业，从而更好地实现自我价值。

（一）学生就业价值观的结构

学生就业价值观作为观念系统，自然存在着相互作用和依赖的各个组成部分以构成自身独特的结构。一方面，就业价值认知是学生对于就业概念、价值、形势、条件、环境等的认识；另一方面，就业价值认知也是学生在面对就业时对于自身能力、素质、需要、角色定位、价值观念等的元认知，表现为一种自我意识。在就业活动中，学生是主体，就业是客体，主客体相互联系、相互作用。就业价值认知是学生充分认识主客体的内涵、价值及两者相互关系的必要前提。

就业价值取向是学生在面临就业相关问题时所持的基本价值态度、立场及体现出的基本价值倾向。具体而言，可以分为地域价值取向、薪资价值取向、发展空间取向、专业发展取向等。这些不同的价值取向体现着不同学生的就业价值追求，如专业发展价值取向以获得个人专业素质能力的提升、进步为最高价值追求；薪资价值取向则以取得较高薪资、经济利益为最高价值追求。就业价值观是就业行为的主导力量，就业价值取向是就业价值观的核心要素，同样对就业行为、价值追求有着不可忽视的引导作用。

就业价值期待是学生对于就业应该是什么样子的"完美"设想，及其通过就业能实现什么价值目标、理想的预期。就业价值期待包含着学生对于就业所有积极正面、令人满意的预想，包括学生以期通过就业获得的物质和精神上的回馈，如得到较高社会地位、丰富物质财富、较大的社会贡献、充分的发展空间等。因此，就业价值期待在一定程度上承担着"就业动力"这一角色，对学生就业行为起到了促进作用。

就业价值准则是学生在就业过程中，追求个人价值与社会价值时所坚持的原则，也就是学生对于通过何种手段及途径来获得自身心仪工作的评价与选择准则。不同就业价值准则表现出不同就业行为，如有的学生诚实守信，勤勤恳恳学习，一步一脚印地提升自己的专业素养与就业能力，以期通过自身努力，公平竞争向往的工作；有的则弄虚作假，好高骛远，想要通过投机取巧的方式获取满意的工作。正因为就业价值准则体现着学生在就业过程中对于价值追求所遵循的原则，所以良好的就业价值准则对就业行为起到一定的规范作用。

（二）学生就业观的核心要义

学生就业观是新时代背景下的学生就业观，是在国家要求、社会需求、高校需求和个人追求相互作用下的观念集合。根据观念的类属，本书将学生就业观细分为时代观、择业观、事业观和创业观，不同观念之间相互影响、相互作用，共同构成了学生就业观的核心要义。其中，时代观是学生就业观区别传统就业观的核心，是择业观、事业观和创业观的基础；择业观和事业观是新时代对学生不同就业阶段的期待要求，择业观侧重就业选择阶段，事业观侧重职业发展阶段，创业观是新时代对学生职业发展全过程的期待要求。

1. 以民族复兴为核心的时代观

时代观既是学生就业观的时代背景，也是学生就业观的重要内容。每一代学生都有自己的际遇和机缘，要在自己所处的时代条件下谋划人生和创造历史。当代学生所处时代，既是近代以来中华民族发展的最好时代，也是实现中华民族伟大复兴的关键时代，当代学生既拥有广阔发展空间，也承载着伟大时代使命。实现中华民族伟大复兴是新时代学生的历史使命，规定了新时代学生就业选择的奋斗方向。

2. 以扎根基层为核心的择业观

基层是学生就业选择的主渠道、是发挥作用的大舞台、是成长历练的大考场。基层发展需要人才支撑，学生树立面向基层的择业观，扎根基层、服务基层、奉献基层，打通基层治理"最后一公里"，为全面建设社会主义现代化国家贡献力量。

3. 以奋斗务实为核心的事业观

新时代是奋斗者的时代，学生从实际出发选择职业和工作岗位，踏踏实实走稳每一步，是新时代学生就业的重要遵循。高校毕业生要转变择业就业观念，只要有志向就会有事业，只要有本事就会有舞台。希望大家找准定位，踏踏实实实现人生理想。幸福都是奋斗出来的，新时代学生秉持踏实作风，永葆昂扬向上、积极进取的奋斗精神，为理想信仰奋斗，为崇高使命奋斗，为美好生活奋斗，争做新时代的奋斗者。

4. 以创新创造为核心的创业观

创新是民族进步的灵魂，是国家兴旺发达的不竭源泉。从历史看，创新是中华民族最深沉的民族禀赋，从现实看，当今世界正在经历百年未有之大变局，新一轮科技革命和产业变革迅猛发展。要敢于做先锋，而不做过客、当看客，让创新成为青春远航的动力，让创业成为青春搏击的能量，让青春年华在为国家、为人民的奉献中焕发出绚丽光彩。当代学生要敢于创新创造，扎根中国大地，了解国情民情，找准专业优势和社会发展的结合点，找准先进知识和我国实际的结合点，使创新创造落地生根、开花结果。

（三）学生就业观的新特征

1. 由单一到多元

与传统学生就业意向相对集中相比，新时代学生就业意向更加多元，主要表现为多形式就业和多渠道就业。

（1）学生就业意向多元化的基础是样态多元，就业意向是关于就业倾向的社会意识，受就业存在的影响。在"统包统分"时期，学生就业的形式比较单一，学生就业意向也相对集中。随着我国经济社会的快速发展，学生就业形势更丰富，就业渠道更多元，学生就业意向出现多元化态势。以新就业形态为例，新就业形态是指伴随着互联网技术进步与大众消费升级出现的去雇主化、平台化的就业模式。此外，新时代学生就业更具国际视野，就业渠道从国内拓展到国外。

促进高校毕业生到国际组织实习任职的专项通知，作为多元化就业的新空间，推出了高校毕业生到国际组织实习任职信息服务平台，大力推动高校毕业生到国际组织实习任职。

（2）学生就业意向多元化的导向是基层一线。基层一线是高校毕业生接触社会、了解民情、熟悉行业的最适场域，也是青年快速成长的孵化平台。鼓励毕业生到城乡社区从事教育文化、医疗卫生、健康养老等工作，到农村投身扶贫开发、技术推广、电子商务等事业，引导毕业生到中西部地区、东北地区和艰苦边远地区工作，激励毕业生自觉把个人的理想追求融入国家和民族的事业中，帮助毕业生调整就业预期，积极主动赴基层就业创业。

（3）学生就业意向多元化的主体是重点领域。高校毕业生是宝贵的人才资源，是国家建设的有用之才、栋梁之材，积极到国家重点领域就业是新时代对高校毕业生就业的时代召唤。面对基层一线和重点领域的人才需求，高校要从人才培养端加强就业引导，围绕国家战略积极扩展就业市场和渠道，重点向雄安新区建设、长江经济带发展、海南自贸试验区建设等，大力定向输送毕业生，引导毕业生到上述重点领域及基层一线就业创业。

2. 由生存到发展

新时代学生就业标准由更关注薪酬福利、工作环境等生存性因素扩展为个人成长、工作前景等发展性因素，具体包括个人成长、工作前景、工作环境、工作地点、能力匹配和兴趣匹配等。人民群众日益增长的美好生活需要是新时代主要矛盾的一方，学生都有对美好生活的向往，就业是学生美好生活的重要组成部分，具体而言，学生不仅希望"能就业"，而且更希望"就好业"。新时代学生对"就业好"的标准发生了重大变化，主要表现为在保障基本生活条件的基础上更加关注个人成长。

（1）从学生就业市场体系看，我国已经建立了完善的学生就业市场体系，用人单位在提供充足岗位的同时，更加关注人岗适配性和学生入职后的成长，在校园招聘时能够提供完善的就业保障体系。

（2）从学生家庭经济状况看，根据需要层次理论，家庭经济状况较好的学生更关注的是工作环境和自我实现。随着我国居民生活水平的提高，个人成长已成为影响学生就业选择的首要标准。

（3）从学生就业指导成效看，我国已经建立比较完善的就业指导体系，重点强化了就业标准的指导，教育引导学生从职业生涯发展角度树立正确的就业标准观。

3. 由自发到自觉

新时代学生就业态度由被动行动到主动探索，主要表现为专注的、理性的、积极的、开放的就业态度。

（1）就业形势需要学生更加自觉。整体而言，高校毕业生就业形势持续复杂严峻。从就业市场看，就业岗位增速慢于高校毕业生增速，公务员、事业单位等政策性岗位增量空间有限，民营企业岗位受经济发展水平影响明显；从就业结构看，人工智能等智能化技术加速应用，就业替代效应逐步显现。高校毕业生就业竞争更加激烈，需要学生更加积极主动做好求职准备，在就业过程中更加专注和认真，用理性和开放的态度面对就业。

（2）"慢就业"现象需要学生更加自觉。"慢就业"是指毕业生不急于在离校前落实去向的现象，"懒就业"是指毕业生没有明确就业目标、没有就业意愿、不积极就业的现象。"慢就业""懒就业"是较为复杂的社会现象，虽然还未成为主流，但会造成人力资源的浪费，影响高校毕业生通过就业实现社会化的进程。新时代呼唤学生具备奋斗精神，体现在就业上就是要积极行动、不怕困难、拒绝"躺平"，避免成为"懒就业""啃老族"，将奋斗精神融入职业生涯发展全过程。

4. 由优先到平等

新时代学生更尊重劳动，主要表现为全面的、平等的和发展的就业信念。实现中华民族伟大复兴需要全社会各个行业、职业、岗位共同努力。高校毕业生已经成为我国城镇新增劳动力的主体，新时代学生要认清就业形势，正视劳动价值，摒弃"天之骄子"光环，不挑不拣，树立平等、发展、全面的就业观念。

5. 由小我到大我

新时代学生就业理想由实现自我价值到在实现国家需要中实现自我价值，主要表现为满足国家和社会的需要、实现个人价值同时实现社会价值。

新时代学生在就业选择时要将小我融入大我，在实现国家需要中实现自我价值。在就业选择时，心怀家国情怀，对标民族复兴梦，主动参与到社会主义现代化强国建设大军中，勇于担当时代赋予的历史责任。一是满足国家社会的需要，新时代学生要将个人理想同国家发展、社会需要、人民期待密切结合，不能单纯从自己需要出发，要综合各方进行就业选择。二是价值实现，在新时代背景下，价值实现是人最高的需求，既是新时代学生就业的奋斗目标，也是就业的不竭动力。

（四）学生就业观的培育载体

1. 课程载体

课程是指运用教育学基本原理，根据一定的教育目标，通过课堂教学等途径得以实施的教学内容和进程的综合。由于课程具有计划性、理论性、系统性的特点，是学生进行知识学习最有效的方式，是就业观培育的主渠道。

（1）就业课程。高校要通过就业课程教学激发学生树立正确的就业观，科学规划职业生涯。

（2）专业课程。所有高校、所有教师、所有课程都承担好育人责任，使各类课程与思政课程同向同行，构建协同育人格局。学生就业观培育是课程思政的重要方面，高校要深入挖掘专业课程中蕴含的就业育人内涵，在传授专业知识过程中加强就业引导，达到润物无声的育人效果。在课程载体优化方面，高校要发挥课程育人作用，大力加强就业课程建设，丰富课程种类，满足不同类别学生的个性化需求。

2. 活动载体

活动特指课程之外的各类校园活动，具有鲜明的实践导向，在强化学生意识、培养学生能力方面发挥重要作用，被称为"第二课堂"，是就业观培育的主阵地。

（1）就业培训。相对于时长固定的课程载体，培训载体具有时长短、时效性强的特点，适合针对特定主体开展，举办的形式灵活多样。高校可以根据学生需求，分群体、分类别、分行业举办就业培训活动。

（2）主题讲座。主题讲座是校园活动中最常见的活动形式，具有主题鲜明、机动灵活的特点，适合面向所有学生，也适合针对特定群体。高校可以根据学生需求，在不同年级开展就业主题讲座活动。

（3）竞赛活动。赛事活动是围绕特定主题、具有结果评价的校园活动，具有能力要求高、结果可量化的特点。就业观培育竞赛活动主要是指与就业相关的活动赛事，如学生职业生涯规划大赛、简历设计大赛、就业能力大赛等。

（4）榜样评选。榜样评选是指在某一领域评选出代表人物，对入选人物进行奖励的活动。学生奖学金、优秀毕业生的评选都属于榜样评选范畴。就业观培育的榜样评选可以和优秀毕业生评选相结合。

3. 社会载体

社会载体是指充分运用管理学、社会学相关理论，发动用人单位、毕业校友等与就业相关的社会化市场化资源开展就业观培育，这类载体处于就业一线，了解实时的社会需求，是就业观培育的晴雨表。

（1）交流分享。交流分享是在校学生与职业相关人员围绕职业主题进行交流。就业指导中经常采用的方法是生涯人物访谈，学生围绕职业要求、职业发展和个人建议对职业人士进行一对一访谈，以获取更深入的职业信息。此外，还可以采取邀请职业人士走进校园进行分享，如融入就业指导课程中或举办就业沙龙等。

（2）参观体验。参观体验是在校学生走出校园来到用人单位进行参观，感受真实的工作场景。由于可以亲眼看到工作状态，尤其对工作环境、工作内容都可以有更直观的感受，有利于学生拓宽职业视野，纠正偏差观念，丰富职场体验。

（3）实习实践。实习实践是在校学生利用课余时间实际参与到工作中，是了解职业信息最深刻的方式。实习实践会持续一段时间，参与时间越长，对职业了解越全面，由于实习生很少参与到核心工作内容，了解的信息并不是全貌，但通过长时间的观摩学习可以最大限度了解职业。高校要鼓励学生在条件允许的情况积极参与实习实践，积累相关经验。

在社会载体优化方面，高校要加强多方联动，利用好各类就业资源，引导学生从社会需求角度树立正确的就业观。

4. 媒介载体

媒介载体是指运用传播学、社会学相关理论，通过各种媒体开展就业观培育和宣传报道，营造积极的就业氛围，让学生通过媒体看到更多典型案例，激励学生树立正确的就业观，是就业观培育的助推器。

（1）传统媒体。传统媒体是以报纸、期刊、电视、图书、广播为代表的媒体。传统媒体发展历史悠久，专业化水平高，受众量大，具有很大的社会影响力。学生就业观培育受社会环境影响较大，要充分发挥传统媒体，尤其是主流媒体的作用，广泛宣传国家促进学生就业的优惠政策，唱响基层就业主旋律，弘扬就业正能量。

（2）新媒体。新媒体是相对传统媒体而言，是指在数字化技术支撑下出现的新的媒体形态，包括网络媒体、手机媒体等。新媒体在学生群体中覆盖面广，如微博、微信、B站、抖音、小红书等在学生中有极高的影响力。新媒体已经全面融入学生日常学习和交往娱乐。高校要借助新媒体围绕学生就业观积极发声，制作符合新媒体传播规律的优质内容，打造引领学生树立新时代就业观的榜样示范。

在媒介载体优化方面，高校要抓好各类媒体阵地建设，灵活运用媒体开展就业观的引导，切实提升传播力、引导力、影响力和公信力。

5．咨询载体

咨询载体是指运用心理学基本理论，通过专业化的个体咨询和团队辅导，帮助学生解决就业选择和职业发展的各类困惑，为学生未来发展指明方向，是就业观培育的指南针。

（1）生涯咨询。生涯咨询是咨询者与来访者一对一地进行的生涯咨询方式，即通过咨询，使来访者增加对自我或职业的了解，学会自己做出判断和决定。通常包含搜集资料、分析诊断、确定目标、帮助指导、终止咨询五个阶段。生涯咨询具有针对性强、专业程度高的特点。生涯咨询是一项专业性强的工作，咨询者要由具有生涯咨询资质的专业人士担任。同时，生涯咨询比较费时，对高校软硬件条件都有一定要求。近年来，学生的就业问题呈现差异化加剧倾向，建议高校加大投入，发挥生涯咨询在解决个性化问题的积极作用。

（2）团体辅导。团体辅导是以团体为对象，通过创设特殊场景、强化成员互动、加深成员体验、引导成员反思的辅导方法，教师在团队辅导中发挥启发和引领作用。就业观培育中，可以利用团队辅导在自我认知、态度改变、行为触动方面发挥优势，举办相关主题的团队辅导活动。如生涯唤醒、兴趣探索、性格探索、多维匹配、积极理性等都可以应用在团体辅导中。在咨询载体优化方面，高校要重视咨询在就业观引导上的作用，结合高校实际和学生需要加强软硬件建设，提升就业咨询能力和水平。

二、经济管理学生就业指导的有效措施

（一）建立完善的就业指导工作制度

将经济管理学生的就业指导工作做好，就需要在前期开展充分的调查研究，对学生的根本需求进行了解，进而对学生的就业方向进行掌握。并且在这些条件下对相关的制度进行制订。在对学生的相关情况进行调查以后，需要对学生的就业能力展开综合性评价，对个性化的就业指导方案进行制定，此外，还需要对历年的就业情况进行分析，预测本年度的发展形式，对同本专业实际相适应的就业指导方案进行制定。

（二）重视就业指导过程的控制

对就业指导工作的关键环节牢牢把握，重视对过程的控制按照经济管理专业存在的就

业周期长、市场需求分散的显著特征，需要对阶段性的指导计划进行制定。在对最佳招聘时机进行把握的同时，在毕业前期的不同阶段，将招聘工作开展好，积极组织学生对校内外的招聘会进行参与，对求职经验进行积累，一旦碰到合适的岗位就要尽快地签约。对于那些即将毕业还没有找到合适工作的学生，应指导他们先就业再择业，此外，应该同各企业单位主动联系，对长期的用人合作关系进行建立，积极推荐学生就业。

（三）发挥学生求职的能动性

将学生求职的能动性发挥出来，对个性化、差异化的指导策略进行实施。在指导经济管理学生就业过程中，应当从专业和学生的具体实际出发，对有效的就业指导工作机制进行建立，同时，利用个性差异化的指导与形式多样化的培训，使学生的求职能力得到提高。可以对专业的人力资源教师进行邀请，开展就业指导的专门讲座，点评、指导学生的个人学历方案，使学生能够对企业招聘过程中所使用的不同考核方式有所了解，提高他们在求职过程中的自信心。

第三节　经济管理学生创新创业教育的开展

一、学生创新创业教育

（一）创新创业的内涵

1.创新内涵

创新有广义与狭义之分。广义的创新则是追求各领域与经济领域的融合，主要表现在体制机制和知识技术等各个不同的方面。狭义的创新就是指发明、改进某一理论或方法，强调将技术与经济结合起来。创新是指主体在社会已有资源基础上，发明一种全新的事物如科学技术或者产品、思想方法等。这个定义包含四点内容：①创新不可能是"无源之水，无本之木"，是主体在社会已有的成就上才能实现的。②创新的"新"是一个相对的概念，是相对于目前社会上已有的成果来说是新事物。③创新注重的是"新"，是以前从来都不曾有过的事物。④创新关键在于开创，它是一个需要主体去经过一番努力才能取得突破性进展的活动。

2. 创业内涵

创业是创业主体在经济、文化、政治等领域内为开拓新天地同时又会给他人和社会带来机会的探索行为。它包含：①明确地把"创业"定义为主体在行为上的"创新"，从而将"创新"与"创业"有机结合起来，表明二者间的从属关系；②"创业"一词的使用范围非常广泛，它可涉及文化及政治领域而不仅仅是经济领域；③"创业"绝不是指那些停滞不前的行为而是一种积极发展的探索。当前，高校所开设的学生就业指导课程不再仅仅局限于传授建立企业等方面的知识，而是将培养学生的创新意识、创业精神，作为重中之重。

（二）创新创业教育的内涵

1. 创业教育内涵

20 世纪后期，"创业教育"作为一种全新的教育理念被提出。至今，创业教育理论研究及其实践已经取得巨大的成就。一般情况下，创业教育是指对受教育者进行一些创业指导，这些指导可以是创业理论，也可以是创业实践等方面的知识。但是，关于创业教育的较为确切的定义，还没有较统一的界定。因此，归纳国内外的学者，对于创业教育含义的界定主要有两种：①从广义的角度而言，创业教育就是要培养创业者的教育活动。这个过程所培养出的应该是具备良好的创新能力和创新精神以及冒险精神，能够较好地进行创业实践的人。②从狭义的角度而言，狭义的创业教育是一种以培养当代学生的创新思维、创新能力等这些基本创业素质为首责的，以便毕业后能够在社会上更好地做出事业成绩的，从最初的寻求职业岗位转换成为社会和他人创造职业岗位的各种综合能力的教育。

2. 创新教育内涵

"创新能力"是指一种综合能力，它集中表现在创新活动中的观察和分析能力与实践能力等方面，强调的是个体综合应用各种资源并且在已有成果上的突破与创造。现实生活中，只要是围绕人的创新思维和创新能力的提高的教育均可以叫作"创新教育"。高校作为培养创新人才的基地，创新教育就是培养学生的探索能力和知识应用等能力的一系列创新教育活动。高校的创新教育必须要使学生主动地学习，敢于突破思维定式，善于思考，而非只被动地接受前人的思想成果。

创新教育的发展是新时代的产物，是当下高等教育提出的新要求，目标是培养学生的创新精神并逐步提高学生的创新能力是创新教育。这种教育模式试图营造一个有利于提高学生创新能力的环境，通过完善的教育理论体系和丰富的实践环节去发掘学生的创新潜能、培养其探索精神、提高学生学以致用的能力，是新时代高校教学方法的改革、教学内容的创新，是对教育价值的再思考，为我国高等教育的发展指明了方向。

3. 创新创业教育内涵

高校创新创业教育是指以全体学生为发展对象的顺应新时代潮流的一种与时俱进的教育模式，是一种基于多种教育理念的全新的教育理念，目标则是培养当代学生的创业精神和提高学生创新创业能力的新型教育，使高校毕业生自主创业的一种实践活动。这种教育模式革新了传统的教育观念、将教学与产业紧密结合，使得当代学生综合素质逐步提高，也顺应了信息经济时代的发展趋势，最重要的是创新创业教育实现了从注重知识传授向重视创新素质培养的转变，为学生的创业之路奠定了坚实的基础。

二、创业教育的开展必要性

（一）开展创新创业教育的政策背景

高校开展创新创业教育，积极鼓励高校学生自主创业，是教育系统深入学习实践科学发展观、服务创新型国家建设的重要战略举措；是深化高等教育教学改革，培养学生创新精神和实践能力的重要途径；是落实以创业带动就业，促进高校毕业生充分就业的重要举措。近年来，从中央到地方不断出台许多扶持学生自主创业的政策文件，在创业教育、创业培训、创业资金、弹性学制等方面给予了诸多利好政策，学生自主创业面临着前所未有的大好机遇。

（二）高校学生对创业教育的需求增长

高校经管类专业的教学团队主动承担了高校创业教育的主要任务，鼓励学生的创业热情，挖掘他们的潜力，把学生培养成为具有创新意识、创业激情和创业能力的高素质技能型人才。

（三）高校重视创新创业教育的开展

高校为了推进创新创业教育，专门成立创新创业教育委员会，这是高校极为重视学生的综合素质培养，为学生提供更广阔的发展空间的体现。这个委员会的成立在高校内引起了广泛的关注，因为它为高校的创新创业教育工作注入了新的活力。

创新创业教育委员会的任务是推动高校创新创业教育的全面发展。委员会成员由高校领导、知名企业家、产业专家和教育专家组成，他们汇聚了丰富的经验和资源，为高校的创新创业教育提供了有力支持。委员会制定了一系列的政策和计划，旨在培养学生的创新思维和实际操作能力。他们将推动高校开设更多的创新创业相关课程，组织创业大赛和讲座，邀请成功企业家和创新领域的专家来校交流授课，为学生提供实践机会和指导。

高校的创新创业教育不仅注重理论知识的传授，更侧重实际操作和创业技能的培养。学生将有机会参与各类创业项目，从构思创意到商业计划的制订，再到实际运营和市场推广，都将得到有力的支持和指导。这种全方位的创业体验将使学生受益匪浅，为将来的职业发展打下坚实的基础。

此外，创新创业教育委员会还鼓励学生积极参与创新研究和科技创新项目，推动学术成果的产业化。高校将为学生提供创新创业孵化中心，让他们能够充分利用高校和社会资源，将自己的创新成果转化为现实产品和服务。这将有助于培养更多的创新创业领军人才，推动社会经济的发展。

三、经济管理高校创新创业教育体系的构建

（一）以创新学分推动创新创业人才的培养

1. 创新学分认定的目的与范围

为了推进创新创业教育，鼓励学生开展创新活动，培养具有较强创新精神和具有创业意识的高素质技术技能型人才，高校设立"创新学分"，对学生在第二课堂和校外实践活动中取得的创新创业成果认定相应的创新学分。

在各级各类技能竞赛（如全国职业技能大赛、挑战杯、数学建模等）、科技活动（科学研究、发明创造、技术开发等）、发表论文及文学艺术作品、实践创新及文体活动等方面取得突出成绩或成果的在校学生，均可申请获得相应的创新学分。

2. 创新学分认定的成效

（1）创新学分认定制度大大激发了学生参与创新创业活动的热情。传统教育往往局限于课堂教学，学生容易感到枯燥和乏味，缺乏实际操作经验。而创新学分认定制度的出现，为学生提供了更多实践机会，使他们能够将理论知识应用到实际项目中，这让学习变得更具吸引力。学生们积极主动地参加各种创新创业活动，如创业比赛、创业讲座、创新项目等，因为他们知道这不仅有助于他们的学分积累，还可以为他们未来的职业发展打下坚实的基础。

（2）创新学分认定制度有助于培养学生的创新精神和团队协作能力。创新创业活动往

往需要学生们提出新的创意和解决实际问题的能力，这促使他们积极思考和探索。同时，学生们需要与团队成员合作，共同实现项目目标，这锻炼了他们的团队协作和沟通能力。通过这些创新活动，学生们不仅积累了宝贵的经验，还培养了自主创新和团队协作的重要技能，这些技能在未来的职业生涯中将变得至关重要。

（3）创新学分认定制度还有助于学校与企业之间建立更紧密的合作关系。学校通常与企业合作举办创新创业项目，学生参与这些项目可以获得学分。这样的合作关系使学生能够直接接触实际的商业环境，了解市场需求和行业趋势，为他们未来的就业提供了更多机会。同时，企业也受益于学生的新鲜思维和创新力，有可能发掘新的商业机会。因此，创新学分认定制度促进了学校与企业之间的互利合作，为学生和企业双方创造了更多的机会。

（二）"分层进阶、五位一体"的创业教育体系

"分层进阶、五位一体"的创业教育体系首先把创业教育分为基础层、进阶层和精英层三个递进式层次，每个层次的教育对象、覆盖率和教学目标均有区别。

根据每层级的教学培养目标要求，从课程渗透、创业课程、创业实践、网络创业平台、第二课堂五个方面组织创业教学的具体内容，并形成创业教育体系。

1. 创业教育渗透课堂

创业教育渗透课程应该贯穿学生的整个学习过程，在一年级可以通过基础课程渗透来提升学生的创业文书写作能力、数据整理和分析能力等；二年级可以通过专业课程渗透来增强学生对行业的认知，在教学中还可增加与本专业和本地区相关的创业案例；三年级可以通过专业拓展课程和专业实践课程的渗透来提升学生的创业技能，如经管类专业可以开设创业实务课程，理工类专业可以开设企业管理和产品创新课程等。

2. 创业教育专门课堂

创业教育专门课堂应该开设一系列创业课程作为学生学习创业知识的主要途径，需要在原有课程的基础上按照分层级的创业教学目标设置创业课程。对于基础层级，可以在就业指导公共课程中增加创业通识课时，最少保证8课时的教学内容，达到增强学生对创业的认知和提高创业意愿的目标；对于进阶层级，应开设3~4门与创业相关的校级选修课程，提供足够的学位让创业意愿较强的学生选修，这些课程包括创业基础、创业调研、创业沟通等，让学生掌握创业基础知识，能结合创业需要进行创业项目调研和提升沟通能力；在精英层级，从完成创业基础选修课程的学生中精选一批具有创业潜质的学生组成

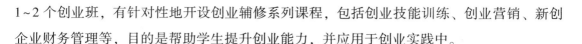

1~2个创业班，有针对性地开设创业辅修系列课程，包括创业技能训练、创业营销、新创企业财务管理等，目的是帮助学生提升创业能力，并应用于创业实践中。

3. 创业教育实践课堂

创业实践活动是提升学生创业技能的基本途径，创业教育是综合素质教育，离开了实践教学，将难以达成创业教育的目标。对于基础层级的学生可以组织各班学生到企业进行参观学习，了解企业的创业史；对创业意愿较强、选修了创业基础课程的进阶层级学生，可为他们提供为期一周的校内创业模拟市场的实践机会，学生体验从创业调研、选择创业项目、模拟工商注册、市场运营到提交财务报表和模拟缴税的全过程。对有创业潜质的精英层级学生，则可为他们提供半年以上的创业园孵化基地实践机会，学生组建创业团队和确定创业项目后，给每个创业团队配备一位校内教师和一位企业教师，如果创业团队没有会计专业的学生，还可以安排一位财务助理。创业团队每月需要提交财务报告和经营小结。

4. 创业教育网络课堂

在"互联网+"时代，应用网络创业平台来进行创业教育的必要性和紧迫性凸显，互联网上有专门的创业服务网，很多教育科研机构也专门研发创业教育平台，高校应合理利用这些基于互联网技术的创业教育资源。基础层级的学生可以进行创业素质测试，包括创业心理、创业潜质等；进阶层级的学生可以在平台上模拟注册开办企业的流程和学习创业相关的政策和法规；精英层级的学生可以在平台上模拟经营不同行业的创新企业，例如农产品加工企业、广告或设计类企业、餐饮企业、销售企业等，鼓励部分学生经营网店。

5. 创业教育第二课堂

利用第二课堂进行创业教育能起到明显的效果，可以通过组织创业讲座、创业竞赛、创业文化节、创业模拟市场和组建创业社团等活动来熏陶学生的创业意识和训练学生的创业技能，这些第二课堂活动不仅营造了浓厚的创业氛围、增强了学生的创业意识，还为学生提供了更多锻炼创业技能的机会。针对基础层的学生，组织系列创业讲座来激发他们的创业意愿和提升他们的创业认知水平；对于进阶层的学生，可以参加创业计划大赛、创业模拟竞赛、创业调研竞赛等活动，达到锻炼创业技能的目标；创业精英班学生可以接受创业教师的面对面辅导，也可以与创业教师组织创业沙龙，通过讨论、交流、促进的方式，有效提升创业技能。

高校创业教育是综合性素质教育，构建创业教育体系时要贴近实际，同时应兼顾大众的普惠性教育和精英的重点教育。在"分层进阶、五位一体"的创业教育体系中，对基础层学生以增强学生创业意愿为目标，在学生心中种下创业的种子；对进阶层学生以提升创业知识和创业基础技能为目标，培养一批创业后备军；对精英层学生以提升创业技能和综合创业素质为目标，直接培养创业者。学生创新创业教育模式的创新之处在于结合学生的创业教育需求，构建了新的创业教育体系，从创业教育渗透课堂、创业教育专门课堂、创业教育实践课堂、创业教育网络课堂和创业教育第二课堂五个方面，分三个层次的教学目标来选择具体教学内容。

第四节　经济管理学生实践能力提升的思考

"经济管理专业学生作为我国高等教育的重要组成部分，提高其实践能力已成为社会各界的共识。"[①] 因此，提升经济管理学生的实践能力需要结合课堂教育和实际经验，鼓励他们积极参与各种活动，培养解决问题和领导团队的能力。这些经验将有助于他们更好地应对未来的职业挑战。

一、高校教师要不断提高自身实训技能素养

教师是学生的引导者，自身必须有较强的实训技能，这样在教学之中才可以不断提升经济管理专业的学生的实践能力。经济管理专业的教师需要向"双师型"和"多师型"方向发展。比如：财务管理专业的教师可以去考一些资格证书（审计师资格证书），市场营销专业的教师可以考取营销师资格证书。同时，高校教师还要积极走入社会生产营销的一线中，这样财务管理专业的教师才能够清楚掌握各个行业的账务处理流程；审计专业教师才可以掌握账务易存在哪些舞弊手段及识破方式；市场营销教师才可以真正地掌握好市场的前景和品牌的策划。

二、高校职能部门要发挥好政策激励的作用

职能部门的管理直接影响高校能否健康、可持续的发展，因此，高校要重视监督职能部门的工作。使职能部门可以发挥好正确的指导作用。在引进教师之时，可以兼顾学历和经验两方面，也可以优先录用行业一线有较高学历的应征者。要重视"双师型"教师的构建，在"双师型"的推行之中，可以对教师通过"双师型"考试所花的合理费用进行报

---

① 曲平波. 提升高校学生就业实践能力的对策研究：以经济管理专业为例 [J]. 中国商论，2018，（08）：149~150.

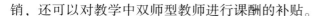

销，还可以对教学中双师型教师进行课酬的补贴。

鼓励高校中的教师主动到社会中实践，对这些教师减轻岗位的工作、进行相关的补贴，使进入社会提升自己实践素养的教师在经济上没有损失。此外，高校教务部门在对教师实践能力培养、科学培养等方面要制订科学合理的培养方案，这样才可以促使高校经济管理专业的学生的综合素质达标。对其培养方案中的理论和实践课程的安排，可以设置成基础课和专业课，培养的方案必须经由全面的调研和论证才可以进行实施。还要为高校学生提供实习基地，这便需要高校和企业建立密切的联系。

三、企业要主动履行社会责任，发挥好自身的优势

企业履行社会责任，充分发挥自身优势，对社会和经济的可持续发展起着至关重要的作用。在这个过程中，与高校建立紧密的互利关系也是至关重要的一环。这种合作有助于满足企业需求，提高员工和学生的综合素质，以及推动社会责任的履行。

第一，高校和企业之间的密切联系可以通过政府主管部门的支持得以构建。政府在这个过程中可以充当桥梁的角色，促进双方的协作。政府可以制定政策和法规，鼓励企业积极参与社会责任项目，并鼓励高校与企业建立战略伙伴关系。通过政府的引导，高校和企业可以更容易地共同探讨项目和合作的细节，以确保互惠互利的关系。

第二，校友会资源也是促进高校与企业合作的一个重要渠道。校友是高校的重要资源，他们在社会中有着广泛的联系和影响力。通过积极借助校友会的资源，高校可以与信誉较高的公司建立联系，并开展实践实训基地的建设。这些基地可以为学生提供实际的工作经验，使他们更好地适应未来的职业生涯。同时，由高校教师的带领和管理，可以确保实习生在企业中的表现得到监督和指导，最大限度地减轻实习生对企业的可能影响。

第三，高校还可以通过与企业合作，开展研究和创新项目，以满足企业的需求。这种合作有助于将学术知识与实际业务相结合，为企业提供解决问题的新思路和方法。企业在这个过程中可以提供资金支持和资源，以促进创新和研究的发展，同时也受益于新的技术和解决方案。

第五章　经济管理应用型人才培养研究

第一节　应用型人才培养的特点与模式

一、经济管理类应用型人才培养的特点

"随着我国经济的不断发展，我国的市场经济体制也不断趋于完善，对经济专业的人才要求越来越高。"[①] 经济管理类应用型人才培养是高等教育领域中的一个重要分支，它具有一系列独特的特点，以满足不断发展和变化的市场需求。这些特点涵盖了教育体系、课程设置、教学方法、实践环节等多个方面。

第一，经济管理类应用型人才培养的特点之一是注重实践性。这类人才培养更加强调学生在实际工作中所需的技能和知识。因此，课程设置中会融入大量的实践环节，如实习、实训和项目课程，以便学生能够在课堂外运用所学知识，培养实际操作能力。这种强调实践的特点使得学生毕业后能够迅速适应职场，为企业和组织创造价值。

第二，经济管理类应用型人才培养注重跨学科综合能力。这类人才不仅需要在经济和管理领域有扎实的基础知识，还需要具备跨学科的综合能力，如沟通能力、团队协作能力、创新能力等。因此，课程设置往往涵盖了人文科学、社会科学等多个领域，以培养学生的综合素养，使他们能够在复杂多变的商业环境中脱颖而出。

第三，经济管理类应用型人才培养强调学生的自主性和创新性。这类人才需要能够主动学习和不断创新，因此教育体系往往鼓励学生积极参与课程设计、项目研究等活动，培养他们的自主性和创新思维。这有助于他们在职业生涯中不断适应新的挑战和机会，提出创新的解决方案。

---

① 张三新. 经济管理专业开放性实验教学探索［J］. 科教导刊（上旬刊），2014（03）：119~120.

第四，经济管理类应用型人才培养注重实际问题解决能力。学生不仅需要掌握理论知识，还需要能够将这些知识应用于实际问题的解决中。因此，课程中会强调案例分析、实际项目、模拟经营等教学方法，培养学生的问题解决能力和决策能力。这有助于他们在工作中能够迅速识别问题、提出解决方案，并有效执行。

第五，经济管理类应用型人才培养强调国际化。随着全球化的不断发展，企业和组织需要具备国际视野的管理人才。因此，课程设置中会融入国际经济、国际贸易、国际管理等相关内容，培养学生的国际化思维和跨文化沟通能力。这有助于他们在国际舞台上取得成功。

第六，经济管理类应用型人才培养强调实际经验的积累。学生在校期间会有机会参与实习和项目，积累实际经验。这些经验不仅有助于他们将理论知识转化为实际操作，还有助于建立职业网络，提升就业竞争力。因此，实际经验的积累是这类人才培养的一个重要特点。

二、经济管理类应用型人才培养模式

人才培养模式，是指在现代教育理念与理论指引下，按照特定的培育方向，以较平稳的教习内容、课业系统、管制体制及测评方法是培育人才的进程的总和。应用型人才是指具备一定的知识能力和实践能力，拥有综合素质的全面型人才。这类人才，既需要基础知识扎实、专业能力过关，又需要有较强的实践能力，同时他们还需要有较高的职业素养与创新能力。而经济管理类应用型人才培育模式就是指针对经济管理类专业的应用型人才的培养方式。自从我国确定走市场经济的道路，对于经济管理类专业人才的需求就在不断上升，高校为了给社会经济发展提供源源不断的新鲜血液，也在不停地加大对此类人才的培育输出。各所高校积极寻求教习制度的革新，应用型人才培育制度也就应运而生。

(一) 经济管理类应用型人才培养模式的意义

第一，通过打通公共基础和拓宽学科平台，构建了经济管理类专业应用课程体系，从而为学生提供了广泛的知识背景和学科基础。这有助于培养具备跨学科思维能力的学生，他们能够更好地理解和应对复杂的经济管理问题。此外，这一举措也有助于弥补传统教育中学科划分过于严格的不足，使学生能够更全面地理解和分析现实世界中的问题。

第二，分层次地开设专业课程群，将专业相关知识和拓宽知识合理设置，建立了多样化、多层次的经济管理类专业人才培养模式。这种多样性允许学生按照自己的兴趣和潜力选择不同的课程路径，从而更好地满足了他们的需求。不同层次的课程也有助于培养不同层次的人才，满足社会对不同经济管理职位的需求。这种差异化的培养模式有助于提高就业竞争力，使学生更好地适应不同的职业领域。

第三，重视实践教学环节，并按照"综合—分解—再综合"的模式设计，有助于学生对经济管理类专业知识的综合运用。通过实际案例分析和项目管理，学生能够将课堂知识应用到实际情境中，培养解决问题的能力。这种综合性的教学模式有助于学生更好地理解经济管理领域的复杂性和实际应用，提高他们的综合素质。

第四，结合地方建设需求，拓展教学内容，加强跨学科教育，使经济管理类专业学生能够运用系统方法去思考和解决问题。考虑到不同地区的经济特点和需求，调整教学内容，使之更符合实际用途，有助于培养适应不同地方经济发展需要的人才。此外，跨学科教育也有助于学生更全面地理解社会、政治、文化等多方面因素对经济管理的影响，培养更具综合素质的人才。

（二）经济管理类应用型人才培养模式的作用

第一，增强学习者的择业竞争力，提高就业率。不论是何种模式的人才培育，其主要目的都是为了培育出更优秀的英才。应用型人才培养就完美地贯彻了这一点，通过知识与能力并重的培养模式所培育出的高素质的人才，相较于传统人才，其知识联结水平、实际操作能力、革新能力都更强。在就业上具有传统模式培养出来的人所不具有的巨大优势，其竞争力更强。这一模式的人才培养不再是单纯的知识摄入，而是对学子实践能力培养的提升，同时它也大幅度地提升了学生们的就业率。

第二，为经济发展输送人才，推动经济繁荣。高品质的人才培养提升的不单是人才本身的价值，更是对经济发展的促进。任何群体性的活动都离不开人的作用。经济活动身为最大型的群体活动之一，更是离不开人的作用。而人才的优劣往往是影响经济繁荣的关键性力量。优秀的人才既能为经济打好基础，又能洞悉先机，抢先一步发展。高校经济管理类应用型人才培养模式能够培养出大量的优秀人才，为经济发展提供绵绵不绝的主力军，为经济发展提供动力。

第二节　应用型经济管理专业人才培养路径

一、应用型经济管理专业人才培养的步骤

（一）制定专业培养目标

在制定专业培养目标这一应用型经济管理专业人才培养方案的第一阶段中，其主要包

括教学计划、教学大纲、培养目标的专业制定，可以说这一培养阶段主要是为了明晰应用型经济管理专业人才教学的方向与目的。

对于应用型经济管理的专业教学来说，其本身属于较为复杂的人才培养与训练过程，这就使得一般高校想要真正较高质量的实现应用型经济管理专业人才的培养，就必须保证自身拥有科学、完善的实践性教学计划，这一计划需要包括规划性、可实施性的教学指导文件，并能够实现教学内容的具体化与细分化，这样才能够较好地满足高校应用型经济管理专业人才培养的需要。

（二）规划并组织专业教学过程

在这一规划并组织专业教学过程阶段中，相关高校需要提供专业教师与教学条件，并依据教学计划与教学大纲开展高质量的应用型经济管理专业相关教学，这一教学需要实现理论与实践的较好互动，这样才能够真正提高相关学生的职业能力。值得注意的是，在这一阶段中，相关院校必须结合相关计划，制定完善的教学管理制度，这样才能够真正达成第一阶段设置的教学目标。

（三）专业教学评价和专业技能鉴定

这一阶段主要的任务是教学评价和技能鉴定，其主要是为了验证上两个阶段的真实发挥效果。对于应用型经济管理专业人才培养来说，再好的计划与策略，也需要通过验证才能够确定其有效性，所以相关高校就必须建立完善、科学的教学效果考察评价体系，这样才能够较好地实现较高质量的教学评价；而在学生的专业技能鉴定中，相关院校可以采用专业岗位操作技能验证的方式，对学生在真实岗位中专业技能的发挥情况进行鉴定，这样自然就能够较好地实现这一阶段的任务要求，保证相关高校真正实现应用型经济管理专业人才的培养。

二、应用型经济管理专业人才培养方案设计

（一）教学过程整体设计

在应用型经济管理专业人才培养的教学过程整体设计中，相关高校必须围绕培养目标，实现应用型经济管理专业人才培养与社会市场需求相结合，而这一目标的实现，就需要得到经济管理专业知识针对性、应用性和超前性的支持。由于应用型经济管理专业人才培养的教学过程主要包括专业理论教学与专业实践教学两部分，所以本书建议相关高校建

立集中与分散结合、教学与实践结合的应用型经济管理专业人才循环教学培养模式，这一循环教学培养模式主要通过对学生开展理论、实践、再理论、再实践应用的循环教学，使学生能够在学习的过程中，真正实现自身所学经济管理专业相关知识与实践的有机结合，这自然就能够较好地保证这一教学的整体效果。

（二）教学课程体系设计

除了教学过程的整体设计外，教学课程体系的设计也是这一应用型经济管理专业人才培养方案设计的重要组成部分，而这一部分笔者建议相关高校采用浓缩理论教学、强化实践技能、身心教育并重的设计理念。具体来说，在浓缩理论教学这种设计理念的影响下，高校必须对应用型经济管理专业人才的理论课程进行恰当而有效的压缩，这一压缩需要实现应用型经济管理专业人才教学课程数量与课时数量的显著降低，这样才能够有效避免教训内容的重复；而在强化实践技能这一教学课程体系的设计理念影响下，相关高校需要增加自身实践课程，并同时增加专业能力培养课程，这样才能够较好地保证学生能力的不断提高；而在身心教育并重这一教学课程体系设计的设计理念影响下，高校必须将育人放到与教书并重的地位，这样才能够保证学生的身心健康发展，这对于高校应用型经济管理专业人才培养教学的教学质量提高有着极为重要的意义。

（三）教学方式设计

在高校应用型经济管理专业人才培养的教学方式设计中，笔者建议相关高校采用"方法训练、能力培养和科研指导"三位一体的教学方式设计理念，而根据这一设计理念，高校应用型经济管理专业人才教学就能够较好地实现教师与学生之间的活动，这自然也就将提高教学的有效性。具体来说，在方法训练这一理念下，高校需要通过不同手段对学生的学习兴趣、技能以及思维方法进行培养；而在能力培养理念下，高校需要设法提高学生的职业能力与综合发展能力；而在科研理念下，高校需要使学生接触经济管理专业相关的最前沿知识与技能，这样才能够较好地实现应用型经济管理专业人才的培养。

（四）实践性教学设计

上文中笔者曾提到，应用型经济管理专业人才培养的教学过程主要包括专业理论教学与专业实践教学两部分，所以高校必须对这一教学的实践性教学部分进行较好的设计，这里笔者结合自身实际工作经验，将实践教学设计为专业技能初步应用、实践应用能力的深化、实践应用能力的提高等三个教学环节。

第一，专业技能初步应用。在专业技能初步应用这一应用型经济管理专业人才培养的实践性教学设计第一环节中，这一环节经济管理学生相关实践能力的提高，主要通过课本上的知识实现，而在对学生进行的专业技能教学中，相关高校需要实现从理论课程开始与从实际应用需求结合的教学形式。在从理论课程开始的专业技能教学中，其主要目的是引导专业理论教学和专业技能教学，而从实际应用需求开始的技能教学，主要目的是使学生掌握基础的经济管理相关技能，这两方面教学的结合，就能够使学生在理论知识的学习过程中，初步实现自身理论与实践的结合，这自然就实现了应用型经济管理专业人才培养的专业技能初步应用这一目标。

第二，实践应用能力的深化。在高校应用型经济管理专业人才培养实践教学的第二个环节中，这一环节需要实现学生实践应用能力的深化，而为了能够真正实现这一目标，相关高校需要有针对性地开展模拟实习、应用实习和综合实验。具体来说，相关高校在这一教学环节除了开展具体的主干课程教学外，还可以有目的地组织各类实验、实训、实习等教学活动，其中灵活结合实验教学平台开展的仿真实训教学能够在这一时期发挥较好的应用效果。

第三，实践应用能力的提高。在高校应用型经济管理专业人才培养实践教学的第三个环节中，这一环节主要目的是进一步提高经济管理相关学生的实践能力，并使其能够满足社会中各类企业的需求。具体来说，在这一实践应用能力提高的实践性教学环节中，高校需要将教学的重点转移到学生的专业技能复合、拓展和创造性应用能力的培养上，这样才能够保证学生在毕业前掌握较为扎实的经济管理相关实践技能。具体来说，这一时期相关高校需要较高质量地开展"国际贸易实务"课程、"网络信息安全"课程、"现代物流管理"课程、"案例分析"课程、"顾客关系管理"课程，通过这一系列实践相关的教学课程与具体的社会实践，学生就能够较好地掌握经济管理相关实践技能，而高校也就真正实现了应用型经济管理专业人才的培养。值得注意的是，这一环节中高校采用感知认知、体验实践、应用创新的递进式实践能力培养过程，能够更好地完成对学生实践能力的培养。

三、应用型经济管理专业人才培养的有效途径

（一）构建应用型人才培养目标为导向的教学体系

第一，在培养目标上：研究以市场为导向，以通识教育为基础，提高学生的综合能力和素质的培养目标。应用型人才应该既要有知识，又要有能力，更要有使知识和能力得到充分发挥的素质，尤其是要具备较强的二次创新与知识转化的能力。解决实际问题能力、

二次创新能力的教学模式；把以注重传授知识为主的教学模式转变为以培养学生的知识转化能力、专业设计能力、职业行为能力、团队合作能力为主的教学模式。

第二，在培养方案上：研究经济管理类应用型本科人才培养方案由过去的"三段式"模式转化为"两段式"模式，即分为"学科基础阶段"和"专业方向阶段"两个培养阶段。着重研究如何进行经济管理类专业理论知识与实践动手能力的培养，提高学生解决实际问题的能力。这一目标的实现要依赖于经济管理类专业课程体系的精心设计。

第三，在课程设置上：研究以能力为本位选择课程内容、设置课程体系。研究"模块"与"平台"相结合的方式，即"两大模块、四个平台"。其中，"两大模块"为"学科基础模块""专业方向模块"。在"学科基础模块"上设置"公共课程"和"学科课程"两个平台，在"专业方向模块"上设置"专业理论课程"与"实践课程"两个平台，强调学生的二次创新和实践能力的培养。

第四，在教学模式上：研究如何改造原有的经济管理类专业教学模式，构建多样化教学模式。主要采取以应用实践教学引领理论知识学习的教学方式，使学生体会到实际工程开发的全过程。以开放的理念、立足边疆、服务地方、传承地方文化的科学定位为指引，构建高校通识课、学院学科平台课"能力本位"的专业基础课和"学中做与做中学"的专业课为主线的"四层次"课程体系，着力打造厚基础与宽知域、强能力与深专业的 T 型知识结构，实现学生知识、能力、素质"三元结构"协调发展，通过课内外实践整合、校内外智慧集成、知识与项目对接、教学与课题融合的产、学、研、用一体化来构建"多能力教育综合模式"，并辅以科学的教学管理，培养具有高度社会责任感和国际视野，素养良好，人格健全，基础扎实，具备独特专业能力，勇于创新，擅长实践的应用型创新人才。

（二）强化双语教学培养高素质的外向型人才

积极开展双语教学，强化双语课程建设，使每门双语课都形成了教学团队，提升课程教学质量水平，积累丰富的双语教学经验。在双语教学中采用原版外文教材，提高了学生的学习效果。教师均利用图文并茂的多媒体课件授课，建立网络教学平台，提供丰富的双语课程教学资源，双语课程网络教学平台设置讨论专区，使学生及时沟通学习情况，提高教学的时效性，这些为培养出高素质的外向型人才提供重要支撑。

在双语授课过程中，教师尽可能用全英文讲解专业知识，只有在觉得学生理解有难度的情况下才用中文加以补充或解释。学生需要阅读英文教材和案例，用英文回答问题和进行小组讨论，用英文制作 PPT 和做课堂报告，用英文撰写案例分析报告，甚至考试答题也需要用英文，这样，就全方位地锻炼了学生的英语听、说、读、写能力。

课程学习结束后，学生的普遍反映是自己再看纯英文教科书更容易，词汇量增多，阅读速度提高了。双语授课模式对于准备出国深造的学生来说效果更明显，为他们能快速适应国外的教学方式奠定了基础。通过几年的双语教学的发展和经验的积累，我院国际经济与贸易专业双语教学人才培养模式获批省级人才培养模式创新实验区。

（三）推行"三个课堂相结合"教学模式

培养学生实践能力"三个课堂相结合"即第一课堂即课堂教学、第二课堂是围绕教学组织开展多种活动和第三课堂社会实践教学相结合的教学模式。通过探索总结出了"三个课堂相结合"教学模式，三个课堂联动教学是以培养学生实践应用能力为目标的立体化教学模式。

第一，坚持"重基础、重实践、重培养学生创新精神和应用能力"的人才培养定位，以专业知识为基础，以实验、实训、技能训练为核心，以企业专家指导为支撑，以校内外实习基地为依托，培养学生实践应用能力。

第二，坚持以培养应用型人才为核心，践行立体化教学模式，以突出实践、兼顾理论为办学特色，培养市场需求的高校毕业生。

第三，坚持"重基础、重实践、重培养学生创新精神和应用能力"的人才培养特色，面向基层培养踏实敬业、会学善用的高级实践应用型人才。

第三节　应用型人才培养质量保障体系构建

一、应用型经济管理人才培养内部质量保障体系构建

人才培养质量是应用型高校办学的生命所在。当前，针对应用型人才培养的质疑更多的是对应用型高校人才培养质量的质疑。应用型人才培养质量保障体系建构与实施是提高应用型高校办学质量的基础。应用型高校的质量保障是在科学理论的指导下，运用一定的管理手段对教育质量实施保障的一套理论和实践的整体。这个整体由质量保障的体系、运行机制和持续改进策略组成。

（一）人才培养质量的内涵

1. 质量与质量观的内涵

培养高质量的学生产品，要提供高质量的教育服务，教育产品质量定义为：在符合教育规范的前提下，教育产品满足规定或潜在需要的特征和特性的总和。它包括三个方面的含义：第一，教育活动过程要符合教育的基本规律，这是教育活动及教育管理的基础。第二，教育产品必须满足规定或潜在的需要。需要是动态的、变化的、发展的和相对的，随时间、地点、使用对象和社会环境的不同而变化。第三，在满足第一、第二的基础上，教育产品质量是特征和特性的总和，表征为具体的教育产品指标。

高等教育质量标准，可以用国家标准的形式加以确定，也可以由相关的第三方评价机构来制定。合规性质量观的代表人物是美国质量管理专家菲利普·克劳士比，这种质量观是站在生产者立场，反映生产者质量认知的静态质量观，其优点是操作简便。当前，我国高校在合格性评估中基本采用的是合规性质量观。它反映了政府对高校办学的基本要求，体现了政府的教育质量观，属于客体性教育质量观。

合适用性质量观也称合需要性质量观，从消费者（学生、企业、社会）视角来看，高等教育质量衡量标准向满足高等教育"消费者"的需要转变。在合适用性质量观下，高等教育质量关注的是对不同的需求主体进行需求类型和层次的划分，根据不同需求主体的需要进行教育改革，用多样化的教育服务满足多样化、个性化的高等教育需求。与合规定性质量观相比，合适用性质量观开始关注客户需要。

全面质量观强调全员参与和全过程质量管理，目的是让组织内全体成员受益、让顾客满意、让社会受益，建设以质量为中心的质量文化。从质量观的发展过程可以看出，随着社会经济的不断发展，质量观也在发展变化中，由单一的产品导向，向市场导向、客户导向转变，进而向全面质量管理转变。高等教育质量观也应该发生转变，由传统的"以教师为中心"的质量观向"以学生为中心"的质量观转变。"以学生为中心"的质量观就是一种以客户为中心的质量观，进而转变为从人才培养市场调研、培养方案规划设计、课程开发、教学实施与评价到学生跟踪调查等全过程质量管理，由此建构整个高校的质量管理体系。

人才培养的质量观也应该由合规定性质量观发展到合适用性质量观再到全面质量观。人才培养首先要符合国家、国际标准和规范，达到基本的质量要求；其次要符合社会需求和学生个性化需求，达到客户满意要求；最后要使人才培养促进整个社会进步和学生发展。

2. 高等教育质量保障体系

质量保障是质量管理的一部分，是质量管理中致力于对达到质量要求提供信任的部分。高等教育质量保障是旨在保持和改进高等教育质量，并为高等教育利益关系人提供质量证明和担保的所有政策与过程。

（1）高等教育质量保障的目的。高等教育质量保障的目的主要在于两个方面：一是促进高等教育质量的保持和提高；二是向政府、雇主、学生及其家长等众多的高等教育利益关系人提供质量证据，证明高等教育机构提供的产品和服务的质量是可以信赖的，增强他们对高等教育质量的信心。为了达到上述目的，必须通过一系列的特定政策和过程，如设立质量保障机构、制定质量标准、确立评估的方法与程序等。

（2）教学质量保障的划分。教学质量保障可划分为认证性教学质量保障和发展性教学质量保障。

第一，认证性教学质量保障。认证性教学质量保障是由高校做出质量承诺，通过持续的努力，达到与超过预期的标准，以获得社会的信任与支持，同时保证高校免受社会的指责与政府的干预。

第二，发展性教学质量保障。发展性教学质量保障是高校、教师和学生持续发展战略的主要措施，它以学生、教师和高校的发展为保障对象，根据变动着的社会需求来调整高校及教师、学生发展目标，经常性地诊断高校、教师和学生在发展过程中的关键因素，持续地关心高校教学发展的过程，不断完善高校及师生的发展机制，以保障教师与学生、高校与社会的稳步发展。

（3）教学质量保障的职责。高校的教学质量保障体系是整个院校质量保障体系的重要组成部分，特别是对于应用型高校来说，其基本类型是教学型高校或教学科研型高校，应用型人才培养是其主要职责，人才培养质量的高低，与高校的教学质量有密切关系。在高校整体教育质量体系下，建构教学质量保障体系是高校的必然要求。一方面，国家或社会第三方应当建立认证和评价体系，也就是外部保障来回应大众对高等教育质量的要求；另一方面，高校自身也要建立质量保障体系和机制，即内部保障，实现质量保障的自我约束和评价。这两个方面应当是相互促进的，高校自身的质量评价体系或保障体系应该是国家或社会质量认证的一个组成部分，同时，国家或社会的质量认证也促进高校质量保障体系的进一步建设和完善。国际高等教育发达国家，均建立了比较完善的国家或社会、行业高等教育质量认证或保障体系。

（二）人才培养内部质量保障体系建设的特点

1. 质量保障体系的功能持续创新

应用科学高校为了保障人才培养的质与量，需要对人才培养模式质量保障体系进行持续创新。一方面，在数字化背景下，各高校共同推出了人才培养质量保障战略项目。该项目主要通过各州合作、教研赋能、实践模拟等方式，针对人才培养，从各州政策、高校政策、教学、管理等方面，以保障数字技术型与应用型融合人才培养质量为目标，对人才培养效果进行全面检验。

设立专门的资助项目，开展数字化背景下人才培养质量保障项目的专项研究。该项目聚焦数字化教学过程中遇到的机遇和风险、数字化质量保障体系的创新改革方案、高校人才培养数字化未来、数据保护和数据安全等问题。与过去相比，这是新的技术布局，针对人才培养保障体系做了全匹配的部署，以开发、监测、报告为流程，实现了质量保障的认证对应；新的体系架构对原来的体系进行了升级，在原有评价功能的基础上，推出更为严格的质量反馈体系，而且在内容方面也嵌入了云计算、大数据、安全等新功能。

2. 理论与实践的整合全面应用

应用科学高校以培养应用型人才为价值导向，把质量保障建设的重心放在人才培养的理论与实践整合上，并通过实施高校人才培养的教学战略，实现应用型人才培养目标，具体包括实践训练、自主实习、电子实验室建设、应用教学四个方面。在实践训练方面，所有的课程模块都有实践环节，均已纳入了实验室课程和计算机操作课程。在自主实习方面，学生自主通过高校建立的网络实习库寻找实习单位，从而保证学生的利益和实习质量。在电子实验室建设方面，主要通过利用专业知识和实践技能，模拟电子化现场操控实验设备，并由工程师和专业技术人员指导学生进行实践操练。在应用教学方面，采用远程对话、互动、实践转化的方法，通过案例教学、模拟教学、商业游戏、远程观摩等方式，将理论学习纳入实践中。同时，在理论教学过程中，企业与其他实践机构共同建立合作网络，全面参与到质量体系建设和教学质量管理的过程中。

3. 质量保障资源的关联性不断提升

在质量保障资源上，构建校企协同育人的数字化教育教学、教育管理质量保障资源平台，整合教学资源、扩展教学资源的应用范围，开展人才培养质量保障项目，提升保障资源的关联性，加强部门之间的合作，形成各部门的优势互补、协同互助。从根本上说，保障资源的整合使资源平台成为应用科学高校教与学，及其管理的重要工具，结合教学和管理工作的实际需要，各部门建立了解决实际问题的质量保障网络实验平台或软件，如项目模拟系统、分析实验室等。资源整合的实现需要不同组织和高校间的密切合作，逐步形成共建共享，实现项目资源利用的最大化。在资源整合过程中，要保持清晰的结构、统一的范式，强化项目的组织和管理。企业资源平台要与高校资源平台实现无缝对接，一方面让教师和学生体验到企业的真实管理、运营情况，另一方面，企业也要通过资源整合平台对高校的保障项目提出建设性的意见和建议，实现共同育人。质量保障资源整合要体现在人才培养全过程中，包括目标、规划、管理、教学、专业、课程等各个方面，将质量保障的各项内容网络化，最终形成人才培养质量保障结构框架。

4. 质量保障体系的系统性全面凸显

数字化实现了将不同的科学理论、技术手段、多元化资源关联，使影响质量的不同要素按照其结构、功能、效果进行排列，并应用到质量保障管理中，形成一套便于量化、监测、分析、统计、评价、反馈的质量保障体系。传统的内部质量保障体系存在片面化的特点，活动之间没有很密切的关联性，如同行听课、督导评价、学生评议等，缺乏系统化的设计和思考，但通过数字化，实现了质量保障的目标、标准、组织、评价、反馈、改进的闭合机制。

质量保障体系的系统性体现在以下五方面：一是目标和标准的设立，在整个体系中处于顶层核心地位，具有统领作用；二是资源配置，包括人财物硬件资源和信息、知识、技术等软件资源，在整个体系中具有支撑作用；三是运行实施，利用数字化将具体的质量保障活动控制在特定的时间和空间范围，从而弥补资源不足带来的问题，是整个体系的重点部分；四是评价，主要是对以上步骤的效果进行数字化分析，如教学、专业、课程、学习、管理、奖惩等内容，在整个体系中具有调节作用；五是反馈改进，将评价结果按照成效信息自动生成反馈，形成改进意见，在整个体系中起到提升作用。这五方面相互协调促进，在整个体系中凸显了系统性。

（三）人才培养内部质量保障体系的结构完善

1. 质量保障体系内涵的完善

数字化在德国应用科学高校的质量保障政策制定、质量保障体系完善等方面发挥着核心作用，高校内部质量保障体系的内涵变化体现在：一是目标保障。新的质量保障体系一定以有目标导向的特色人才培养质量观为基础，关注学生的真实获得，通过数字化评价手段考查学生实际收益，从而了解人才培养保障方面的真实情况，以结果为导向，以成效为根本。建立了有组织、有制度、有标准、有规范的综合体系，以数字化为依托，保证其工作的方便快捷、客观规范，从而满足教育教学的不同需求。二是质量标准的变化。现代化的质量保障体系更加强调多元，各种资源要素的配置和各保障环节的相互协调，体现符合多元特点的课程标准、实习实践标准、教师技能要素标准、教学功能标准、教育管理标准、资金投入标准等资源要素利用数字化手段相互关联、相互配合，形成了多元的质量标准。

2. 质量保障体系结构的完善

根据内涵的转变，应用科学高校的质量保障体系由组织机构、评价功能、质量反馈、改进措施等内容共同构成，形成一个有机整体，其具体内容为：

（1）组织机构。通过纳入质量数字化管理思想，完善目标，健全质量保证的组织体系和机构设置，建立数字化工具和程序，对整个人才培养流程进行数字化监测、评估，建立电子质量评估中心，发挥人才培养质量保障中凸显自我诊断、自我完善、自我超越的优势，从而建立高效的数字化质量保障评估系统。应用科学高校在高等教育发展框架内设立质量管理首席信息官员，同时成立质量保障信息管理职能小组，对高校的整体电子化流程进行全面把握并与高校的各部门进行对接。该机构是内部质量体系建设的核心。

（2）评价功能。主要是指对人才培养质量的效能进行基于数据和事实的分析与判断，具体包括学业评价、教学评价、管理与教学人员的绩效考评等。在学业评价中设立学习管理平台和在线考试服务；教学评价过程中，高校建立了整合信息管理体系和电子化信息与交流技术；在管理和考核中引入经济管理框架，对职工进行身份管理。评价功能的不断改进是提高人才培养质量的主要途径。

（3）质量反馈。针对人才培养的管理、技术、教学等方面提供质量反馈，通过理念导入、需求确定、理顺职责、流程设计、平台搭建、落实实施六个方面进行梳理和分析，将相应的问题及时反馈给不同层面质量保障主体，实现质量反馈的规范化、流程化。

（4）改进措施。主要是指在质量反馈体系的基础上，坚持问题导向和改进导向相一致，通过调整培养目标、改进培养机制、优化课程结构、更新教学内容、拓展教学功能、优化资源配置等，不断促进内部质量保障体系的完善。这四个方面相互依存、相互连接，协同构建了应用科学高校内部质量保障体系的内涵与结构。其本质来说，完善内部质量保障体系的内涵与结构是应用科学高校数字化背景下改革的核心，是人才培养战略管理的重要组成部分。

二、应用型经济管理人才培养教学质量保障体系

（一）人才培养教学质量保障体系建设的必要性

1．转变传统重理轻文观念的保障

人才不仅要具有人文素养，更重要的是通过跨专业融合教育，获得批判性思维和发现并解决问题的能力，在组织管理以及协调社会活动中发挥更大作用。通过培养文理融合的复合型、应用型人才，能够逐渐转变传统重理轻文的观念，促进文科教育的发展，培养更多社会需要的经济管理专业人才。

2．传统的文科教学质量保障体系已经不再符合新时代发展需要

在新时代背景下，社会对应用型人才的需求更加迫切，打破学科壁垒，促进各学科之间的融合发展更加符合现代社会的发展要求。传统的文科教学很难培养跨专业综合型人才，这种模式已经不符合新时代发展的需要。

3．人才培养教学质量保障体系建设是人才培养的基础

应用型经济管理人才培养教学质量保障体系是为实现教学培养目标、培养高质量人才而对整个教学过程进行有效质量管理的系统，具体包括教学目标体系、课程设置体系、师资力量体系、教学评价体系等。

应用型人才培养不能在原有传统的教学模式下进行，需要促进专业优化升级，注重各学科课程的交叉融合，构建新时代人才培养的课程体系，促进人才质量的提升。

（二）应用型经济管理专业人才培养教学质量保障体系建设的路径

1．人才培养要以学生发展为中心

经济管理专业人才培养教学质量保障体系建设的总体目标和根本任务决定了要以学生的发展为中心，应用型人才培养质量保障体系的建设也要围绕学生发展来进行。以学生发展为中心应该至少包括三个方面的内容。

（1）以学生的学习为中心，要培养学生跨专业学习的能力。培养学生跨专业学习的能力是现代教育的关键任务，它有助于学生更全面地发展，提高他们的综合素养，为未来的职业成功打下坚实的基础。因此，学校和教育机构应该积极推动这一目标的实现，为学生提供更多跨学科学习的机会和资源。

（2）从优化课程设计、改进教学方法等入手，注重提升学生的学习效果。高校通过灵

活的课程设计、多样化的教学方法以及积极的学习环境，可以帮助学生充分发挥潜力，提高他们的学习质量和满意度。这对于培养有竞争力的毕业生和提升教育质量具有重要意义。

（3）注重学生的个性化需求，教师在学生学习过程中起到辅助作用，加强师生互动，让学生主动学习。基于此，推动以学生发展为中心的教学范式变革，也成为人才培养教学质量保障体系建设的重要方向。

2. 优化课程设置体系

以能力本位理念为基础，进行专业优化，实现课程质量提升，打造适合经济管理专业人才教育变革的课程体系，培养新时代的应用型人才。

（1）夯实基础课程，如哲学、经济学、历史学、文学类的基础课程，为跨专业学习奠定基础。

（2）在培养计划中设置核心课程，发展新兴学科，实现学生的常规就业。还要通过现代信息技术，在跨专业理念下，构建立体化的选修课程群组，推进学科的交叉融合。如工科与文学融合的新媒体课程、医学与文学融合的生命伦理学课程、农业与文学融合的农业经济学课程等，培养学生跨专业的应用能力。通过课程体系的优化，进一步丰富学科内涵，人才培养的目标更加明确，从而有助于培养应用型人才。

3. 以信息技术为基础，实现教学融合改革

在应用型高校，经济管理培养的是应用型人才，在教学中要突出实践教学的作用。通过信息技术模拟实践，能够实现情景再现，为实践教学搭建实验平台。

在经济管理专业人才培养教学质量保障体系建设中，大数据思维和分析能力尤为重要。要注重提升学生大数据分析处理的能力，从而跨越学科边界，打破传统文科思维定式。此外，信息技术的发展也为教学带来了慕课、微课等多样化的学习平台，也进一步丰富了经济管理专业教学质量保障体系教学，全面推进了经济管理专业建设。

4. 打造"双师型"教师队伍

师资力量对于人才培养质量起关键作用。以新时代的应用型人才培养为目标，应用型高校要积极打造"双师型"教师队伍。

（1）做好"双师型"教师队伍的选拔工作，既要有理论教学的能力，也要有实践教学的素质，重点选拔那些具有实践经验背景的教师人才。

（2）强化对教师队伍的培训工作，以人才培养目标为导向，不断完善教师队伍的专业知识结构，并寻求与地方优质企业的合作，提高教师实践教学水平。

（3）促进不同专业教师之间的沟通与交流，为教师提供跨学科跨专业培训学习的机会，提高具有跨学科学历或教学背景的教师人员比例，形成不同学科教学的联动，打造骨干群体。同时要建立完善的激励机制，提升教师队伍的教学动力，满足人才培养的教学要求。

5. 推动产教融合式教学改革

应用型高校的培养目标是应用型的综合人才，要积极探索产教融合的教学新模式，构建协同育人的教育机制。产教融合是产业与教育的深度融合，也是校企之间的深入合作，能够适应新形势下社会变革对复合型文科人才的需求，培养优秀经济管理专业人才。应用型高校推动产教融合式教学改革，一方面要创新培养模式，在教学活动中融入技术变革的新趋势，关注专业技术发展的新动态，重视行业企业对经济管理专业人才的市场需求，让企业参与人才培养方案的制定，实现产业链和教育链的有效对接。另一方面，要进一步推动校企共建，打造校企合作联盟，积极对接当地特色产业，打造特色经济管理专业教学。通过构建协同育人机制，打造以"学生中心、产出导向、岗位对接"为培养目标的特色学科，并为学生提供实习实践平台，实现产业需求与人才培养的精准对接。

6. 推动国际化办学进程

要在坚持社会主义教育方向的原则下吸收这些国家的成功经验，就要加强国际教育的交流与合作，最为直接有效的办法就是推动国际化办学，拓宽学生的国际视野。培养担当民族复兴大业的新时代文科人才。

经济管理专业人才培养教学质量保障体系要在专业设置、师资配备、办学模式、管理制度上与国际接轨，促进国际院校交流与合作，鼓励学生进行国际交流，搭建国际合作平台，提高经济管理专业人才培养教学质量保障体系建设水平。

三、人才培养内部质量保障体系数字化重构

（一）强化整体规划目标引领，增强对数字化改革的认同感

数字化背景下，我国应用技术院校人才培养质量是一个多元复合概念，其标准也呈现了复杂性、系统性和延展性。这要求从整体目标设计上理解和把握质量保障体系的样态。强调数字化的目标导向，设定总体性方案和实施规划，要求各院校在组织机构、资源配置、人才培养模式等方面的政策制度设计以及实施效果要始终与改革先期设定的目标一致。

目前，我国处在数字化校园发展的新阶段，在质量保障体系方面表现出能力建设不足，发展基本处于初创期和初创期向中兴期过渡的阶段。目标规划是应用技术院校作为办学主体改革中实现质量保障体系重构的整体化系统设计。我国可以在应用院校人才培养质量保障的宏观层面与政府校企协同合作，成为质量保障主体。当前部分院校已经进入了转型阶段，并从中体会到质量评价工作效率的提高、学生兴趣与能力的评估更加客观公正、信息评价与共享平台更加便捷等诸多优势。总体来说，新的质量保障体系不仅能支持教与学，还能够激发质量保障的自觉性和创新性，增强管理人员和教师对改革的认同感，产生改革的内生性动力。通过调查显示，还有一些院校仍采用传统的质量保障方式，对新的教学方式、管理模式、评价体系无法认可和应用，其主要原因在于改革意味着要花费额外的精力、教师角色需要重新定位和理解、质量保障体系的理念、标准、程序和方法的改变，会给院校带来巨大挑战。因此，管理人员和教师的认同感不强。质量保障体系重构的成败不仅取决于制度框架条件的建立，更主要的是质量保障主体做出的选择，是否以及在何种程度上使质量保障体系进行数字化转型，使质量保障体系的构建与数字技术提供的可能性相符。

因此，质量保障体系的数字化转型还需要很长时间。质量保障体系的重构以规划目标为引领，以实施策略为支撑，具体体现在以下三方面：第一，制定保障体系数字化发展的标准，形成目标导向和流程导向相融合的导向保障体系，并确定执行主体，加强高校保障体系数字化策略实施的目标规划与高校整体规划，以及服务管理、教育教学等活动相融合。第二，加强质量保障数字化发展战略实施情况的时时监测，比照外部形势和内在发展需求以及目标需求，解决存在的问题。第三，注重对规划目标的宣传和提升，使管理者和师生认同规划目标，并将其提升为教育、教学、管理中的主动性行动。

（二）树立新型教学和管理质量保障观，发挥质量保障主体作用

在高等教育领域，人才培养是根本任务，而教学和管理工作是人才培养的重要途径，这是高校运行的基本思路。因此，应用技术院校的人才培养质量保证首先是教学和管理工作的质量。

我国需要建立改革培养方案，建立教育教学改革模型，强调多元知能结构，树立"数字导向"的质量保障观，认识到本科院校运行整个过程的保障本身意味着人才培养质量的保障，认识到人才培养质量是质量主体政府、企业、院校管理人员、教师和学生共同作用所带来质的变化，应该全员参与到改革的全过程中并稳步推进改革进程。

从我国现状来看，应用型本科院校重视质量应在教育教学过程与数字化整合上下功

夫。通过政府、院校、企业、学生、教师、办学条件、管理等教学过程诸要素的优化来实现，将数字化培养体系纳入日常教育教学生活过程，为经济的数字化转型培养创新型和实践型人才。在政府、院校、企业层面上，充分发挥生态优势，促进产学研的深度融合。教育部科技发展中心已经联合新华三集团设立"云数融合科教创新"横向基金，与院校共同就云数融合保障机制开展全面的合作研究。下一步应深入加强部企合作，以协同模式，完善师生发展标准。在管理者层面上，协调数字化保障部门与校内外相关部门的协作与配合，监督保障目标与措施的顺利进行，激发和刺激师生的创新活力。在教师层面，坚持教学能力保障措施的数字化建设导向，将该理念纳入教学设计、学生管理、控制评价、资源开发、环境模拟等工作任务中，完善数字化"双师型"教师标准。在学生层面，关注学生学习成效和体验考察，建立学生综合素质数字化评定标准，完善学生发展跟踪保障数字化体系，引导和激励学生完成自我完善和自我发展。

（三）完善质量保障资源评估体系，提升数字化资源的利用效率

质量保障资源评估体系作为高校人才培养质量保障数字化建设的载体，在运行过程中能够在一定程度上显现出质量保障体系数字化建设的布局。质量保障资源评估体系不仅能够起到存储数字化质量保障资源的作用，同时能够帮助学生进行自主评价，是学生获得学习保障资源的重要渠道之一，从而有效提升数字化资源的利用效率。

人才培养质量保障资源评价体系数字化的发展将成为应用型本科人才培养能否达标的重要衡量标准。对于我国应用型本科来说，质量保障体系的数字化建设是一项涉及多方面、全方位的工作。

首先，必须建立一个具有权威性、跨部门的组织机构，可分为三级组织：领导小组、专家小组、执行小组，同时设有具体办事机构，可以与目前高校的信息化办公室协同办公，进行评估工作。

其次，要建立完善的评价指标体系。该体系主要内容包括数字化基础设施及其运行、教学科研保障的数字化情况、教育管理数字化情况、战略规划与政策制定情况。此四个方面形成一级指标，然后每一个一级指标下面取几个关键指标形成二级指标。

再次，要建立项目管理的评估模式。在明确目标、深入调研、分析现状的基础上，由技术人员和管理人员形成项目管理评估组，开展对项目的目标分析、需求分析、功能分析工作。在调研和分析后，进行评估。整个评估要以政府、企业、高校为依托，选择合作公司，明确以数字化为核心，选择先进的技术方案。

最后，强调个性化信息评估的长足发展。高校应该按照业务分工和人员角色的不同来

设定信息评估的内容。管理人员按照岗位划分，教师和学生按照学科、专业、研究方向进一步细分；根据高校的学科专业特点、教师、学生反馈的信息，进行科学的整理和重组，使其形成一个功能完备、结构科学的新的有机整体，建构一个效能更好、功能更高的管理系统。

四、应用型经济管理专业质量文化建设路径

（一）文化与质量文化

文化是人类社会特有的一种现象，不同时期、不同人群、不同历史会造就不同的人类文化。文化是人类所独创的，文化促进了人类的进步与发展，同样，人们的行为也受到文化的影响和约束。文化是以价值观为核心、由象征符号所表达的意义构成，在实践中采取一定的方法创造、生成各种文化要素。在高校范畴内，质量文化是高校在长期教育教学实践过程中，自觉形成的关于教育教学质量的价值观念、规章制度、道德规范、行为方式及传统习惯等社会规范的总和，也即高校的质量价值观念和质量行为规范的集合。

（二）创建质量文化的路径

应用型院校以本科教育为主，本科教育是高等教育的基础和根本，专业是人才培养的基本单元和基础平台。从全面质量管理看，建立高等教育质量保障体系离不开全员、全过程、以学生为中心的质量文化建设。高校的质量文化是整个高校文化的组成部分。高校在传统的三大职能基础上，现在更强调与突出文化传承的职能，高校本身也是为文化的传承与创新而设立的，人才培养、科学研究与社会服务三大职能也为文化传承与创新提供了载体。

教育质量是高等教育发展的核心，也是高等教育大众化的生命线，精英高等教育要保证质量，大众化高等教育也要保证质量。高校文化有两种基本形态，即本体性院校文化与修饰性院校文化。所谓本体性院校文化，即院校自身的传统与精神，也就是构成院校何以谓之院校的文化形态。修饰性院校文化，也就是体现、承载院校传统与院校精神的辅助性文化手段。突显质量文化建设的重要性。创建院校质量文化的路径主要表现在以下方面。

1. 发挥高校理念的强大引领作用

高校是由相同的理念或理想，而非行政力量所形成的富有生命力的有机体。理念就是人们形成、信奉或遵从的一种系统化的思想或观点。高校理念就是人们对高校的本质及其办学规律进行认识的一种哲学思考体系，并得到信奉与遵从。

要培养有信仰的学生，高校首先要有理念和信仰，一所没有理念和信仰的高校是培养不出有理念和信仰的学生的。一所高校的质量文化首先反映在这所高校的理念追求中，反映在师生对这种理念追求的执着中，反映在这种理念追求融入办学实践中。高校的理念是不能简单复制和模仿的，它是高校独特的信仰和追求，体现高校独特的精神和气质，反映高校独特的文化。理念与信仰回答了高校"从哪里来，到哪里去"的问题，回答了"我们为什么存在，我们以什么方式存在，我们将走向何方"的问题。这些方向性问的答案，决定了整个高校教学、科研、社会服务和文化传承活动的终极目标和方向。高校办学者不断追问自己这样的问题、思考这样的问题、回答这样的问题，就会厘清发展思路，明确发展方向，采取具体行动。因此，创建高校质量文化首先要创建有个性特色、有凝聚力、有思想内涵的高校理念。文化决定了高校的深度，理念决定了高校的高度。

2. 建立健全质量制度

建立质量制度要体现高校理念，目标是把高校理念转化为可执行、可操作、可评价的行为准则和规范，这种行为准则和规范对保障教育教学质量起到基础性作用。作为高校质量文化建设的重要内容，质量制度建设包括各项工作制度、责任制度、管理制度、评估制度、教学运行制度、培训制度等，使高校核心价值观、教育理念与质量目标得到落实。各种质量制度必须建立在对工作流程科学分析、对岗位职责清晰界定、对工作内容明确划分、对在岗人员充分培训的基础上，否则质量制度很难落实。在制度设计过程中，不仅要对质量文化建设工作涉及的各个环节、各个阶段加以规范化，还要对质量制度的子系统内容进行具体化。

在注重"硬制度"建设的同时，还要关注"软制度"建设。"软制度"即指制度的执行力。在中国的国情下，制度化的管理开始形成共识，但是"人事"的作用依然强大。离开"人事"来看制度，制度只是枯燥的条文，制度是随人事的变化而变化的。"硬制度"是成文成册的，"软制度"是刻印在人心中的，"硬制度"依靠"软制度"来落实。

3. 建立质量文化教育培训机制

要让师生认同质量文化，首先要对师生进行质量文化的教育和培训，形成培训机制，纳入师生教育培训内容。将质量文化教育与学生的思想政治教育相结合，将质量文化教育与教师新时代师德师风教育相结合，形成相互衔接、相互支持的质量文化教育内容。因此，师德师风准则中不仅指出了质量环节，更体现了质量要求，是高校质量文化建设的重要内容。

4. 建立质量标准体系

质量标准是保证质量制度实施的前提与基础，是质量文化的具体体现，抽象的质量文化必然通过具体的标准、可行的制度和具备执行力的人共同实现。高校要以国家、国际教育质量规范和标准为指引，结合国情、校情制定本校人才培养各个环节的质量标准，通过标准制定反映理念要求，实现质量文化的创建与改进。

（三）教学质量保障体系建设内容

应用型高校的教学质量保障体系建设除质量文化建设外，还包括教学运行机制建设、教学质量标准建设、教学质量监控建设和质量信息平台建设。教学运行机制建设主要是保障正常教学秩序和规范教学活动，各院校根据本校的学科专业要求建立一套运行有序、规范有据、稳定高效的教学运行管理制度、办法。这些办法的制定、颁布、修订、实施、评价都在符合高校人才培养目标要求和质量标准的基础上，广泛听取教师和其他教学相关人员的意见和建议来进行。

1. 教学管理组织建设

教学管理组织建设是整个高校质量保障体系建设的龙头，是切实保障整个教学管理有序开展的基础。教学管理组织建设包括决策层、执行层和操作层。每一个层级承担的职责和任务不同。

高校教学管理组织建设要高度重视各类专家委员会的建设和作用。特别是学术委员会、学位评定委员会和专业教学指导委员会，充分发挥专家治校、教授治学的作用。从本质上来说，高校是一个学术共同体，在这个共同体中，必须谨慎地保护学术自由，正确处理学术权力与行政权力的关系。高校的学术性使得高校不是一个平均主义的社会。高校的科层式的部分行政权力通过一定的制度设计让渡给学术权力，比如学术评价、职称评定、项目评审等，以此保障学术权力在高校教学管理活动中的地位。

学术权力的价值追求是保证学术标准得以贯彻，学者所从事的学科得以发展，学术人员的学术权利得以保障；而行政权力的价值定位则是保障高校组织目标的实现，保证教育方针和办学思想得以落实。两种权力有冲突性，但更有一致性。在教学管理组织建设中要发挥、扩大一致性，减少冲突性，使整个教学活动成为高校的中心工作。

2. 教学管理制度建设

教学管理制度是整个质量保障体系的关键，科学的管理制度是实施教育教学过程管理的根本保障。高校管理者要在管理实践中不断修订和完善管理制度，变传统的监督式管理为科学的引领式管理，变粗放式管理为精细化管理，变结果管理为过程管理。让教师参与高校管理，使高校的管理制度体现人本管理理念，并具有可操作性和实效性，为实施教育教学过程管理提供有力保障。

在教学管理制度制定中体现服务育人的理念。为教师提供最佳服务是实施教育教学过程管理的有效途径，高校管理者要以培养教师的自觉行为习惯为出发点，在日常教育教学过程中了解教师的困难，并尽力帮助教师解决困难。高校管理者站在教师的视角为教师提供服务是实施教育教学过程管理的有效途径。

教学管理制度就是把从实践中总结出来的经验和规律上升为一种思想，形成科学合理的工作要求和管理制度，并将这些符合实际工作需求的管理制度运用于促进高校教育教学工作发展的全过程。教学管理包括综合管理、教学与教务管理、实践教学管理、教学改革与建设、教学质量监控、教学奖励等，具体内容依院校不同而有所差异。

3. 教学质量保障运行机制建设

有了教学质量保障的组织机构、规章制度，还需要有教学质量保障运行机制，这个机制使整个教学质量保障体系运转起来，并发挥其功能与作用。教学质量保证体系的运行是通过专业建设、课程建设、实践教学管理、教学研究与改革、教风学风建设、激励奖惩机制和政策与制度体系等，来落实教学质量管理目标，并通过各项具体工作的实施结果和成效来检验教学质量。

（1）教学质量监控体系。教学质量监控体系在运行过程中主要实现信息收集和信息反馈两大功能，并通过两大功能的实施，经由多种信息渠道来完成教学质量的监控和督导，达到强化教学管理、改进和加强教学工作之目的。其内容主要包括以下方面。

第一，教务及教学工作研讨会，主要目的是通报教学工作情况，交流教学信息，征求各方面对教学质量的意见，讨论和审定重大教学问题，并进行决策和实施。

第二，教学检查，主要包括开学前教学准备情况检查、期中教学检查、试卷调查和毕业设计情况调查。教学检查是覆盖整个教学过程的信息收集渠道。

第三，督导系统，主要包括领导、同行专家、教学质量督导员和学生信息员与评估员等，在全面听课以及考核和检查教学工作情况的基础上，有目的、有针对性地对教学工作进行督促和指导。

第四，信息反馈系统，除了日常的信息交流和反馈外，主要通过学生信息员、教学质量督导专家和用人单位三大体系来收集和进行信息反馈。学生反映意见的途径有学生信息员定期收集和学生座谈会反映。学生意见反映是覆盖每一门课程、每一位教师、每一项教学环节的信息渠道。

第五，听课考核方式，主要包括领导听课及评教、教学质量督导专家听课及评议、同行相互听课评议。随堂听课是侧重于随机调查或有选择性的信息渠道。

第六，教学工作考核，主要包括学生对教学质量的评估、领导考核、同行评议等。这是一种具有综合性、总结性的信息渠道，按学期进行。这种考核既是一种总结性评价，又是一种形成性评价；既是衡量教师教学质量的主要方面，又是改进和加强教学工作的重要依据。

第七，毕业生质量调查，这是一个周期性和后期性的质量信息收集和反馈过程。主要通过建立毕业生质量监测点，了解用人单位对教学质量的意见和建议；应届毕业生通过几年的学习，对整体教学质量进行综合性评价，并提出意见和建议。

教学管理部门把通过以上渠道收集到的大量的教学质量信息及时加以综合、分析与处理，再把各种有价值的信息通过不同的方式向有关对象进行反馈：一是教学管理部门，使其了解教学质量状况；二是教师主体，使其了解自身的教学情况；三是学生，以便他们在学习中发挥主观能动性。

（2）教学质量标准建设。本科教学质量标准是实施教学质量管理的基础性文件，是关于本科教学活动或活动结果并反映本科教学质量的明确规定，也是实施教学质量评价的主要依据。本科教学质量保障体系建设，必须制定比较完整、详细、科学、规范、可行的本科教学质量标准，以在日常教学活动中准确、及时地把握每一个教学环节的教学质量状态，做出科学的分析和评价，实现本科教学质量持续改进。在国家本科专业类教学质量标准基础上，制定人才培养方案质量标准、专业设置标准、课堂教学质量标准、实验教学质量标准、专业实习质量标准、毕业设计（论文）质量标准等。

（3）教学质量监控建设。构建与实施教学质量监控评价体系，是保障人才培养基础性工作的必需。教学质量监控评价体系的构建与实施，是高校整个质量保障体系的重要组成部分，可以从功能和结构上对教师教学活动进行全过程、全方位、全要素的评价和反馈，促进教师增加教学投入，重视提高教学质量，不断提高教学能力和水平。教学质量监控评价既为教师注入了压力，也注入了动力和活力，调动教师教学的积极性和主动性。同时对教学诸环节进行多层次、多角度、全过程的质量监控和评价，可以准确诊断教学真实状况，及时发现影响教学质量提高的要素及其原因，从而对症下药，改进教学工作，提高教学质量。

教学管理大到理念、目标，小到制度、实施，需要在每个与教学有关的工作环节上建立起有效的质量监控和评估机制。其目的不仅仅是反馈教师教学质量，更重要的是反映整个高校教学管理活动状态及存在的问题，为持续改进教学管理提供依据。从专业设置，到课程建设，再到考试考查，教学活动中的每个环节以及对每个环节的监控，包括后续的评价、反馈，直至改进，形成一个封闭式的、循环往复的系统，其中监控与评价是重要的环节。

（4）质量信息平台建设。质量信息平台建设要与整个质量保障体系建设相结合，形成对质量保障体系的有力支撑。要依据质量保障体系设计信息平台的数据来源，整合学生数据、教师数据、教学数据等，形成集中开放、统一模式的信息管理中心。因此，打破部门壁垒，创建统一的质量信息平台，保障数据质量，提高质量信息平台的效能。

第四节　实践教学与经济管理专业人才培养

实践教学，是指围绕教育教学活动目的而开展的、学生亲身体验的实践活动，是一种以培养学生创新精神与实践能力为主要目标的教学方式，是相对于理论教学而独立存在但又与之相辅相成的教学活动。

一、经济管理专业人才实践教学工作的必要性

"理论应用于实践""实践经验求证于理论"，包括实习、实验、实训等多种形式，是学生接触社会、了解社会、提高解决实际问题能力的重要环节，也是增强学生就业竞争力的重要途径。

加大教学投入，特别是大幅度增加实践教学的投入，大力加强实践教学，切实提高学生的实践能力。要强化教学管理，深化教学改革，坚持传授知识、培养能力、提高素质、协调发展。经济管理专业对实践教学特别是实验与实训教学起步较晚、重视还不够、基础相对薄弱。近年来，教育部组织开展了本科教学工作水平的全面评估，从所反馈的实际情况来看，也反映出这个问题。加强经济管理专业实践教学工作非常重要也非常紧迫。

二、经济管理专业人才培养实践教学的内容体系建设

加强经济管理专业的实践教学，应该体现"厚基础、宽口径、重实践、强能力、高素质"的要求，结合学科和专业的特点，明确实践教学的目的，优化实践教学内容，培养实践教学师资队伍，搞好实践教学基地建设，健全实践教学质量保障体系，保证和提高实践教学质量。

第一，重新思考经济管理专业人才培养目标方案。经济管理专业的人才培养目标是实现学生在相关领域内的知识和技能的全面发展。这意味着教育者需要重新审视培养目标方案，确保其与时俱进，并适应不断变化的经济环境。要实现这一目标，教育机构需要与行

业合作伙伴密切合作，了解他们对毕业生的期望，并将这些期望融入培养目标中。同时，要鼓励创新和创业精神，培养学生的领导能力和团队合作能力，以适应未来职业的需求。

第二，制定高水平的实践教学体系，精心组织实践教学活动。实践教学是培养经济管理专业人才的关键环节。为了建设高水平的实践教学体系，高校需要精心组织各类实践教学活动，包括实习、实训、项目研究等。这些活动应当与课程内容紧密结合，确保学生能够将所学知识应用到实际问题中。实践教学还应包括模拟经济环境的情境练习，帮助学生培养解决实际问题的能力。此外，高校还应积极与企业和政府机构合作，提供学生参与实际项目的机会，以便他们获得更丰富的实践经验。

第三，积极探索与课程体系和教学内容改革相适应的实践教学方式。实践教学方式需要与课程体系和教学内容改革相适应。这意味着需要不断探索新的教学方法和工具，以提高实践教学的质量。例如，可以引入在线教育和远程合作，以拓宽学生的实践领域。还可以采用问题导向的教学方法，鼓励学生主动探索解决问题的途径。此外，跨学科的教学也可以促进学生综合运用各种知识和技能来解决实际问题。

第四，实践教学的师资和基地建设是基本支撑点。要建设一个高水平的实践教学体系，不仅需要精心组织教学活动，还需要具备相应的师资和基地。高校应该吸引具有实践经验的教师，他们能够传授实际应用知识，并指导学生进行实践活动。此外，高校还应建设现代化的实践基地，提供学生实际操作的机会。这些基地可以模拟真实的商业环境，让学生在安全的环境中练习和应用所学知识和技能。

第五，质量监控体系建设是加强实践教学的重要保障。"实践教学活动的质量监控与理论教学的质量监控同等重要"①。为了确保实践教学的质量，高校需要建立健全的质量监控体系。这包括制定评估标准和指标，监测学生的学习成果，以及收集学生和教师的反馈意见。高校还应积极参与专业认证和评估机构的评估，以确保实践教学符合国际和行业标准。此外，高校还应定期进行自我评估，不断改进实践教学体系，以适应不断变化的需求和挑战。

---

① 段艳，陆吉康. 地方应用型本科院校经济管理类专业实践教学活动质量监控刻不容缓 [J]. 高教学刊，2018 (21)：
1.

第六章　经济管理教学机制与质量提升

第一节　经济管理的教学—科研互动机制

一、教学—科研互动机制的理论依据

"教学是科研的基础，科研是教学的发展和提高，两者应相辅相成、良性互动"①。经济管理教学与科研的互动机制是基于德国的双元制度而建立的，并以成果导向教育模式为基础与动力，这一机制强调实践和理论的有机结合，通过紧密的教学和研究联系，促进专业人才的培养和经济管理实践的不断改进。这种互动机制不仅有助于学生将知识应用到实际情境中，还为学者们提供更好的机会将他们的研究成果转化为实际价值。这样的教育模式有助于构建一个紧密联系的经济管理教育生态系统，为未来的管理领袖提供了坚实的基础。

双元论强调了实践和理论的有机结合，即学术界和实际经济管理领域之间的紧密联系。这一理念反映在教育和研究的融合上，使学生能够将理论知识应用到实际情境中，同时也鼓励学者们在他们的研究中关注实际问题。这种互动有助于确保研究成果不仅仅停留在理论层面，而且能够为实际管理决策提供有力的支持。

成果导向教育在这一互动机制中扮演着关键的角色。这种教育模式鼓励学生积极参与实际项目和案例研究，以解决实际的经济管理问题。通过这种方式，学生能够将他们在课堂上学到的知识应用到实践中，培养实际问题解决的能力。与此同时，学者们也被鼓励将他们的研究成果分享给实际管理领域，以促进管理实践的不断改进。

这种互动机制还有助于建立持久的合作关系。学术界与实际管理领域之间的紧密联系

---

① 锁要红，张仲华，李少华，等. 高校教学科研互动、科研反哺教学探讨 [J]. 科技展望，2014（17）：70.

有助于建立持久的合作关系，使学术界能够更好地了解实际问题，同时也让实际管理领域受益于最新的研究成果。这种合作关系还可以为学生提供实际项目和实习机会，从而更好地准备他们进入职业生涯。

二、经济管理的教学—科研互动机制的实施策略

教学和科研是高校工作的两翼，高校要将教学和科研紧密结合起来，以教学促科研，以科研促教学，构建高校教学、科研一体化模式，开创教学、科研良性循环发展新局面。

（一）调整教学内容，培养学生科研兴趣

教学与科研互动机制的构建，离不开高校的积极探索。高校要以经济管理专业为对象，完善教学布局，充实教学内容，适当减少教学任务。

以学院高水平科研工作为依托，配置科研室，丰富经济专业学科藏书量，为教学和科研互动提供良好的设施和条件。

深入分析学生学习需求，针对学生偏好编制适合教材，针对学生差异性的学习需求进行分层教学。

注重对学生创新创造能力的培养和挖掘，强调学生学习的自主性和探究性，可根据学生的能力水平开设第二课堂，引进丰富的社会资源，设置适当的选题让学生自由选择；或者增加实践课程的比重，让学生进行社会调查，鼓励学生参加不同规模、类型的竞赛活动，以学生为主体进行科研活动。教师在参与讨论、指导过程中，引导学生寻找兴趣点，为学生的选择提供依据，形成教学与科研互动的良好局面，达到教学、科研相得益彰的效果。

（二）改善课堂教学方式，促进教学与科研的良性互动

在经济管理专业中，要实现教师和学生的教学、科研互动，需要教师突破传统教育理念的束缚，改变课堂教学方式，将探究性教学方式运用到教学实践中，寻找科研成果与教学内容的切合点，将科研成果穿插进教学，使枯燥、乏味的单项知识传授转变为师生之间的合作探究。

经管课程知识具有情境性的显著特征，即经管课程知识以特定的情境为支撑，只适用于特定的情境之中。因此，在经管类教学之前，教师要认真钻研教材，深刻理解教材内容，在教学过程中结合学生的认识结构和发展规律，创设学生易于接受的情境，使学生在情境中领悟知识。经济管理教师在教学过程中不仅介绍教材中已有的第一损失赔偿和比例

赔偿的方法，还要补充学术界新提出的定值赔偿方式和限额赔偿方式，激发学生的学习兴趣，加深学生对保险赔偿知识的认识，调动学生参与科研的积极性，有利于培养学生的创新能力和科研能力。

（三）改变高校现有组织机构，建设科学研究平台

随着教育体制改革的深入，教学与科研的内涵发生明显变化。这就要求高校顺应时代潮流，在教学管理、课程建设和师生评价等多方面进行布局和调整，以服务社会为根本宗旨，以开发学生潜质、提升学生能力为根本目的，以促进学生发展为根本出发点和落脚点。

完善教学实践基地，以市场为导向，以市场需求为中心，引导教师积极参与教研和科研工作，完善学术道德和学风监督机制，实行严格的信用制度。加强与企业合作，积极与合作企业共同申报科研课题，在各自独立发展的同时形成战略协同合作关系，以实现优势互补、保持特色、协同发展，推进学科与学术水平持续提高，力争在教研和科技开发两方面都有新的突破。高校通过与国内外同类高校建立合作关系、召开学术会议等方式，进行专家和学者的互访互讲，从而互相借鉴，完善与创新现有教学模式，增强高校的综合教学实力与科研能力，促进学术知识和信息的相互交流，加强学生和科教人员对新理念、新事物的吸收与容纳。这种做法往往能激发出创造性的智慧火花，在出成果和出人才上事半功倍。

明确考核标准，教学和科研是对立统一的关系，在具体的工作考核中要根据考核对象的工作性质不同而有所偏重。提高科研人员基础性绩效工资水平，赋予科研机构、高校更大的收入分配自主权，把教学业绩和成果作为教师职称晋升、收入分配的重要依据。这项政策的实施可以提高高校教学和科研人员的工作积极性。高校在对教师进行考核过程中，要改革传统的考核评价标准，采取定量考核和定性考核相结合的方式，实施精细化分类管理，对教师的教学和科研工作进行科学合理的评价，让长于教学的教师专心教学，不勉强其从事科研工作；让长于科研的教师安心科研，同时安排时间、精力反哺教学。教师要充分认识教学与科研的内在联系，落实于教学科研工作中，努力做一名研究型教师。

总之，科研与教学是高校的两大重要职能，相辅相成、缺一不可。教学与科研的协调发展一直是高校的理想追求。面对日益激烈的国际竞争，高校要充分认识教学与科研的内在联系，以发展的眼光看待教学与科研的关系，积极探索，寻求教学与科研协调发展的实现路径，并将这种认识落实于教学科研工作中，促进教学—科研互动机制的良性循环。

第二节 "双师型"教师队伍建设研究

一、教师的深刻认识

（一）教师的地位

"教师是当前优化教育体系，保障育人质量与实际成效的关键"[①]。教师的地位就是教师职业在整个社会职业体系中所处的位置，教师队伍的稳定需要不断提高教师的素质，提高教学质量和人才培养质量。一项职业的社会地位主要包括了四个方面的内容，这四个内容是衡量教师地位高低的主要参考标准。

第一，经济地位。教师的经济地位主要是通过教师的工资收入、福利待遇和其他职业相比较体现出来的。教师地位可以直接通过经济地位表现出来。经济地位决定了教师这个职业是否具有一定的吸引力，只有能够吸引到高素质的人才，保障教师队伍的稳定性，才能提高教育质量。改革开放后，国家提高对教育工作的重视程度，开始关注教师的生活状态和收入水平，改善教师的生活质量，先后多次提高高校教师的工资待遇，增加了津贴补助，实行结构工资。同时，高校也为教师提高效率工资。随着社会的发展进步，近几年，通过国家的努力，教师的经济待遇得到了明显的改善。教师职业的吸引力逐渐增强，经济地位也有了一定提升。

第二，政治地位。教师的政治地位通过教师在政治方面享受的各种权利、待遇和荣誉体现出来。社会对教师的评价、教师的社会关系体系在全社会所具有的影响、教师在政治上所享有的各种待遇等都能体现出教师的政治地位。

第三，时代和社会制度直接关系到教师的政治地位，教师和所有的劳动者一样都是国家的主人，享有广泛的民主权利和崇高的荣誉。国民经济的快速发展需要更多的人才，国家和社会也逐渐认识到教育的重要性，认识到教师对培养人才、发展经济的重要价值。

第四，专业地位。近年来，各国对于教师需要具备的专业知识、技能等都提出了严格的要求，对获得教师资格证的条件进行了严格的限制，实行教师资格证书制度，进一步保

[①] 沈伟民. 地方本科高校"双师型"教师培养机制创新：评《新时代地方本科院校"双师型"教师队伍建设研究》[J]. 热带作物学报，2021，42（06）：1897.

证了教师的专业自主权，确立了教师的专业地位。教师专业意识的强弱、专业水准的高低都对教师社会地位的稳固与提高产生了非常重要的影响。

第五，职业威望。教师的职业威望是人们对教师职业的评价，就是社会对教师职业的有利评价，公众对教师的尊重、钦佩和敬意。现代社会中，教师的职业威望表现在两个方面：其一是教师的职业威望具有中上的地位，比他们的经济地位还要高；其二是教师的职业威望处于逐渐提高的态势。教师的职业威望和其在实际生活中的社会地位有相关性，但是并没有直接的对应关系。教师具有较高的威望，只是一部分人传统价值观念的延续，并不能说明是社会的实际行动。在教师的经济待遇不能得到有效保障的时候，教师的职业威望就和人们实际的选择形成明显的反差。

（二）教师的角色

角色是一个人在某种特定生活中的行为模式，教师的角色是教师在高校、课堂和其职业生活中所采取的行为表现，是教师和其他职业人之间的区别。教师的角色全面反映了教师职业的行为规范以及所发挥的作用。作用的直接对象不仅是学生，还有社会和文化。明确教师的角色，更有利于引导教师发挥其重要作用。

1. 人类文化的传播者

文化的传播需要借助一定的途径，其中最有效的传播途径就是教育。教育的执行者是教师，因此，教师就成了人类文化的传播者。教师在传播文化的过程中促进学生认知发展，促进文化和社会的不断延续，在人类文化继承和发展的过程中起到重要的桥梁和纽带作用。

教师所进行的文化传播外在表现为直接把人类的文化知识传播给学习者，从一人所知，变成多人所知，扩大了文化的传播效应；内在表现是通过传播文化，将人类所积累的文化知识转化为学生个体的精神财富，让学生能够在较短的时间里达到人类认识的普通水平。

教师的文化传播不同于其他文化传播途径的根本就是，在传播的过程中，也会不断创造出新的文化。教师作为文化传播者的角色，在教学过程中，表现为知识的传授者，这也是教师最传统的角色。

任何时代都不能否认人的发展价值，但是在不同的时代，传授不同的知识，选择什么样的传授方法都有所不同。在古代，社会封闭，信息交流慢，教师的主要任务是传授人类现有的知识，传授方式主要是填鸭式灌输。现代社会信息快速更新，知识呈爆炸式模式增长，教师无法传播所有的知识。教师从原先单一的传播知识内容，逐渐转换成了指导与启发学生，呈现出从学习内容向学习方法的转变，鼓励学生学会学习的方法，然后开展自主学习。

2. 社会要求的代言者

教师作为教育的承担者，受到社会的委托，代表着一定的社会意志和愿望，培养社会所需要的人才。教师的职责除了传授知识以外，还可以通过教育的手段，把社会规范和要求内化成学生的思想和道德素质，实现个体社会化。

教师所承担的社会责任决定了他是社会要求的代言者，是一个国家社会文化规范的解释者和执行者。教师在教育过程中要向学生明示符合社会要求的"道"和"业"，教育的内容具有一定的思想价值。

作为一个普通的劳动个体，教师具有自己的思想、情感和态度，但是当处于教育者的角色时，面对学生就必须要代表社会的利益，满足社会的要求，不能传授和宣扬违背社会要求的思想，这是作为社会要求代言者的本质要求。

教师自身也要成为社会文化的认同者和操作者，保证对学生进行有效的规范和引导。有的教师表面上要求学生代表社会的正统要求，但其实并不认同社会要求，这样的教师即使能够在教育过程中传播社会要求，但是缺乏对社会的接受、认同和情感，也就不可能很好地对学生进行社会化教育。教师必须要加强自己的社会责任感，规范自己的言行举止，维护社会的利益，成为社会要求的执行者和代表。

3. 教育活动的主持人

教育活动是教师的职业活动，也是教师最基本的活动，教师的角色和职责都是在诸如传授知识、培养品行等教育教学活动中实现的，现代教育属于主题教育，学生是教育过程中的主体，是课堂中的主人，教师必须在这个过程中帮助学生实现其主体作用。

教师是教育活动的主持人，保证教育活动的开展活而不乱、有条不紊，教师要设计好每一次教学活动。教育是有目的开展的活动，实现特定目的的教育教学活动，教师要提前进行设计，教师在设计教学计划的时候要考虑教学的任务、目标、内容、特点等情况，同时还要考虑自己的教学风格。

教学设计的内容还包括如何有效传授知识，调动学生的学习积极性，开展集体活动，从而使教学能够有秩序进行，顺利完成教学任务。教学设计不能脱离学生的现状，要给学生自主发挥的空间，让学生在教师计划中生成教育过程。

教师作为教育活动的组织者，要公正分配教育资源，合理安排活动时间，调控教育活动的进程，激发学生的积极性，使学生能够在宽松自由的环境中学习。

教师负责管理教育活动，确定教育活动的目标，建立班集体，制定班规，维持班级纪律，监控教学活动的过程，评价学生的学习成绩。

4. 学生成长的指路人

教师无论是作为社会要求的代言人，还是人类文化的传播者，根本目的都是育人，促进学生的发展，教师还有一个更加重要的任务就是关注学生的成长。

教师不仅要引导学生建构知识，而且还要培养学生的人格品行，教师如果只是传授知识是不够的，还要培养学生的心性，注重对心灵的教育，只有这样才称得上是人类灵魂工程师。教师要教授学生树立正确的人生观和世界观，通过教育实现个体的政治化，使下一代成为社会主义的接班人和合格的公民。学生品德并不是自发形成的，青少年学生处于复杂的社会环境中，辨别是非的能力有限，教师要正确引导学生明辨是非、选择判断。教师还要关注学生的心理发展变化情况，适时减轻他们的心理压力。如果发现有学生出现了心理问题，就要进行积极治疗。

（三）教师的作用

教师实现了教育的社会职能，教师的工作具有很大的社会作用，可以促进个体的社会化成长，不断延续人类社会文明，推进社会的发展进步。

1. 教师开拓先进生产力

在改革开放和现代化建设中，教师起到了突出的作用。人是生产要素中的重要组成部分，科技是第一生产力，教育是实现劳动力再生产的重要方式，是科学技术进步的重要基础。只有通过教师的教育和培养，人类的生产力才能实现一次又一次的飞跃，科学技术才能转化为现实的先进生产力。

当前，我国经济建设朝着科学技术进步和提高劳动者素质的方向转变，改革开放和现代化建设的步伐不断加快，社会主义市场经济繁荣发展，产业结构、技术结构以及劳动力结构逐渐发生变化，这些都对人才的结构、数量提出了更高的要求和标准。这就需要依靠教师去培养符合社会需求的人才，提高劳动者的科学文化素质，将我国沉重的人口负担转化为人力资源优势，为先进生产力的发展提供智力支持。

2. 教师提高民族素质

当今世界各个国家之间不断进行着经济竞争、文化竞争及其他领域的竞争，归根结底是科学技术的竞争和民族素质的竞争，要振兴民族，最大的希望在教育，要振兴教育，关键是教师。在一定遗传和环境条件下，教师直接影响人的素质的形成和发展。教师具备的知识、智慧、能力、品德，通过多种方式，对年青一代进行系统专业化的教育，促进新一代德智体的全面发展，因此，教师是人类灵魂的工程师。青少年时期是人的思想、素质形成的关键时期，教师具备的良好素质和创造性劳动，对年青一代起到全面、长期和深刻的影响作用，可以直接提高全民族的整体素质。

3. 教师促进精神文明建设

建设社会主义文化强国，结合当今时代发展的现状，推动社会主义物质文明和精神文明协调发展，培育和践行社会主义核心价值观，深化群众精神文明创建活动，对精神文明建设提出新的要求。

精神文明建设包括思想道德建设和科学文化建设两个方面，渗透在社会生活的多个方面。教育是社会主义精神文明传承的重要途径，是加强思想道德和科学文化建设的重要手段。教师在精神文明建设中发挥着重要的作用。

社会精神文明的内容不断丰富，新的思想文化知识体系得到进一步完善，通过教师的传递和培育，新一代人才会了解人类文明发展的优秀遗产和新成果，继承和发扬爱国主义、社会主义、集体主义精神，拥有分析、鉴别和创造能力，成为有理想、有道德、有文化、有纪律的社会主义建设者。教师的教育对提高社会成员的整体思想道德水平，发展科学文化，促进精神文明建设和社会的全面进步具有重要意义。

4. 教师推动民主政治建设

社会主义社会的主要特征是人民民主，建设符合中国国情特点的社会主义民主政治，满足社会主义社会发展的客观要求，巩固社会政治环境，保证经济建设和精神文化建设的重要基础。民主政治建设的基础是教育，通过教师的传播和教育，使新一代树立较强的主体意识，提高思想文化水平和参政议政的能力，不断推动社会主义民主和法治建设。

（四）教师的专业

专业是社会分工、职业分化的结果，是社会分化的一种表现形式，自然和社会发展达到一定程度后就会出现专业。教育教学工作对从业者的要求比较高，如具有独特的专门知识、技能和修养。教育教学活动是一项比较复杂的培养人的职业，要求从业者具备比一般人更加丰富的、全面的、多样的学科知识，为教育教学提供原材料，同时还要掌握普通大众不需要或者不用系统了解的教育教学知识、技能和教育教学规律。

教师专业需要教师能够认识学习规律、社会发展的规律，掌握各种主客观教育教学条件的知识，具备利用知识和规律编写教学内容，组织教育教学活动的技能。如果不具备这些知识和技能，很难胜任教师的工作。教师专业发展的必要性如下。

第一，对教师的要求提高。教育的历史根据不同的标准可以划分为不同的时段，教育工作的性质，师生关系的变化，教育的普及，关于教育的"专业知识"的增加都对教师产生了深远影响。教育心理学、教学论、课程论等内容的研究，直接对教育决策和教育实践产生影响，使得教师将自己的日常专业活动和自己专业的知识结合起来。当前社会发展中，教师需要掌握更多的专业知识。

第二，社会对教师的期望。目前，社会各界都提高了对教师的要求，新时代教师应该具备的素质要求包括文化判断力、幽默感、善于"授人以渔"、创新意识和能力、健康心理、向学生灌输平等意识、能力本位、具备批判精神和科学精神、崇尚民主等。在社会发展转型的关键时期，我们希望下一代都能够具备这些品质和素质，那么自然也就要求教师也具有这些能力，教师专业的特性使得社会提高了对教师的期望。

第三，对教师价值的认知。"以人为本"思想往教育中的不断渗透，使大众对教师专业的认识开始发生了变化，以人为本中的人不仅指学生，也指教师，不仅要促进学生的发展，还要促进教师自身的发展。教师要为学生的健康成长服务，也要为自身的幸福服务。教师的专业活动不只是消耗的，也是不断发展的，教师与成长中、发展中的人打交道，在教育活动中谋求自身发展，比其他职业更重要。

二、"双师型"教师的界定

"双师型"教师指通过运用自身积累和相关技能有效激发学生的创新思维，并在此基础上提升学生的创业技能。"双师型"要求教师具备如下素质特征。

第一，教师需要在专业领域持续深研、全面领悟，才能在课堂教学方面有所创新，进而提升学生的创新意识。

第二，教师应了解专业前沿、行业发展动态，适时参与企业运营，并用科研成果丰富课堂内容，用科研成果解决现实问题，做到产学研结合。

第三，教师须具有较强的专业实践操作能力，熟悉企业运营机制和操作流程，才能示范传道，从而有效指导学生。

第四，教师要善于把工作岗位及工作过程的要求转换为学生的学习任务及与之相应的学习情境，通过还原真实情景，代入具体任务，感悟身临其境，体悟工作本身。

第五，教师应注重培养学生自我建构式学习。当下市场环境瞬息万变，产业不断更新迭代，对人才的要求与时俱进。传道授业解惑不应局限于零散的碎片化知识，而应注重培养学生自主学习能力。根据真实的情境和不断变化的环境进行自主思考、自我判断、自行抉择，进而可从事创新创业。

三、"双师型"教师的激励机制

（一）"双师型"教师的激励类型

"双师型"教师的激励类型如下。

第一，生理心理激励。生理心理激励是根据教师的生理心理需要，运用措施满足教师最根本的需要，调动教师最基本的积极因素，使教师从内心深处主动去完成理论知识和实践能力的提升。

第二，情感激励。情感是影响人们行为最直接的因素之一，任何人都有渴求各种情绪的需求。情感激励是在满足教师物质需要的同时，要满足教师精神生活方面的需要。一名教师的价值取向和行为方式，不但会影响到他们自身的发展，也会影响受教育者和高校组织的发展。高校领导者要善于从情感上激励"双师型"教师，帮助他们树立正确的价值取向和认知方向，进一步调节他们的行为。情感激励体现了高校领导对"双师型"教师的重视和关心，关注他们工作生活中遇到的困难，尽可能为他们提供方便，帮助他们克服困难，这更加有利于塑造"双师型"教师队伍的凝聚力和向心力。

第三，待遇激励。待遇激励主要是根据不同教师的实际需求，给予他们物质上或精神上的帮助，比如"双师型"教师的薪酬待遇；在职称晋级上向"双师型"教师倾斜；给予学历高、实践能力强的青年教师优厚的待遇；设立各种评比来奖励那些不但理论知识基础深厚，而且有着丰富社会实践能力的专兼职教师。

第四，事业激励。每个人都希望自身的事业获得成功，教师也一样，无论是专职教师还是兼职教师，他们都希望自己的事业一步步迈向成功，一所高校的综合竞争力不仅取决于教育投资的多少，更多的是高校教师队伍素质的提升。高校为教师自我实现提供了机会，同时也发挥了其教学的积极性和主动性，也为教育事业的发展提供了帮助。

第五，机制激励。所谓机制激励，就是要建立起"双师型"教师参与高校建设与发展决策的机制，通过让"双师型"教师更多参与到高校建设和决策中来，发挥其优良才智，为高校贡献力量，进一步把这些教师与高校发展融为一体，让他们真正成为高校的一部分。

（二）激励机制的实施

1. 激励机制的设计

通行的各种激励方式，大多都是依据目标设定绩效考核指标，根据考核结果，给予教师不同程度的激励。整套体系是自上而下，少问需求，注重目标。目标决定绩效考核，目标决定教师行为，目标决定激励程度和方式，暂且将这种激励方式称为"目标导向型"。在"目标导向型"激励方式下，教师被看成无差异的产品提供方，考核的被动接受者。在机制运营中，激励机制对部分教师特别是个别教师的影响十分有限，当考核指标或激励方式呈现种种弊端时，激励机制缺乏自我修复功能。

激励机制的实施分成两个阶段，第一个阶段是"目标导向型"，从个人角色转化为"双师型"教师的初期，为强化"双师型"教师的岗位职责和具体要求，让教师探索创新创业之道，结合实际，设定具体的考核指标，并对达到目标的教师给予激励。第二个阶段是"目标+需求导向型"。所谓"目标+需求导向型"指激励机制的设计除了目标导引外，强调关注教师的内心需求，注重教师的职业发展，通过建立信息流通的传导感应机制，及时掌握教师基本情况，并结合差异化个体需求针对性地实施绩效考核和激励措施。

关于"目标+需求导向型"激励机制，结合高校自身情况，通过信息传导感应机制，明确激励机制的设计是朝目标演进抑或是向需求推动，确定以哪个为主，多大幅度，多深强度。另外，在机制建立之初，规避教师的一时之兴、主观倾向等种种不良风气。引入需求的本意是关注群体，建立一个可以上下对接的通道，同时让激励机制具有自我察觉、自我修复的功能。关注的问题应具有客观性、普遍性、迫切性，需求应更多地考虑多数人正常合理需求，而非个别非理智需求。

当然，教师的前期数据收集是一项大的系统工程，且部分数据难以统计。数据的获取可以是多维的，通过数据统计来收集，如教师自身反馈、系部活动例会、同行交流面谈等多种渠道；也可以适当采用调查分析，如教师自身环境分析、外界环境对比、个体行为趋势等多种方式来挖掘教师的基本情况和行为动机，通过信息传导感应机制自下而上，汇集大量一手数据信息进行整理。深度挖掘不同年龄、不同职称、不同专业、不同性别教师的个性需求，归纳最主要的诉求，需求集中在哪个层次，需求的差异性，激励机制的缺陷之处。透过大量数据拨云见日。厘清主次需求及长短期需求，以此来决定哪些可满足。提倡创新创业的同时最大限度地激发"双师型"教师的工作积极性。

2. 激励机制的运营

"双师型"教师激励机制要结合高校目标和双创型教师需求两个维度。目标可细化为"双师型"教师的绩效指标，考核维度可分为：教学、科研、实践三个维度。依据不同维度的工作特性，"教学"和"科研"强调日积月累、厚积薄发，教师的工作是整体的、连续的、长期的，工作量难以计量，特别是短期内很难体现教师的具体工作量，绩效度量存在灰色空间；而"实践"侧重于培养学生动手能力，工作是链块的、间断的、阶段的，工作量易统计计量。在设计上，前两者的激励应更多是一个长期行为，引导激励；后者因涉及教师的具体工作量，激励则是碎片化的。

在激励机制中注重向下看，可适度修正绩效指标，完善激励机制。具体而言，在绩效指标方面，可能会存在部分群体过度追逐指标而衍生一些不正之风。因此每个指标的设置不应是刚性的、单一化的，而应是柔性的、多维的。单一化的指标目的性太强，易入歧途。通过利用已有的信息传导机制来收集教师的基本情况，并分析激励因素从而适度修正，确保指标的合理性。在激励机制中引入教师需求，避免由于脱离实际而导致激励失效，起到自我修复功能。另外，激励机制的设计要基于现有的绩效指标和教师需求，而绩效指标是一个不断完善的过程，教师需求也并非一成不变，机制的实施应是动态的、发展的，因需求的变动、指标的完善，适时调整，使"双师型"教师激励机制真正发挥实效。

3. 激励机制的检验

良好的激励机制需要进行反复检验，才能准确判断它能否发挥实效。激励机制投入之初，信息传导感应机制应引起警觉：机制是否能通畅，有何副作用，需时时监控、密切追踪、不断完善。检验激励机制，可以通过教师和学生两个角度来进行。通过教师口头反馈、教师工作状态对比、教师流动率等来分析激励机制是否满足了教师的需求，在多大程度上发挥了激励的效果。还可通过学生反馈、教学效果、实践动手能力、创新能力等来检验教师工作成效和高校"双师型"人才培养目标实现程度。

四、经济管理类专业"双师型"教师的培养

（一）培养模式

为了加快经济管理类专业"双师型"教师队伍建设，高校摸索实施了多种培养模式。

第一，高校培养模式。要发挥各种师资培训基地和师范类高校作为"双师型"教师培养的主要基地。

第二，企业嫁接模式。专业教师可去合作企业实习和继续教育，也可以聘请合作企业的经济管理资深人士到校兼职，有能力的教师还可以参与合作项目开发。

第三，校本培训模式。校本培训模式包括：一是基础理论课教师、专业理论课教师和职业实践课教师之间取长补短和"传帮带"；二是建立校内培训基地，组织教师定期参加技术培训和实践锻炼。

第四，自我生成模式。自我生成模式建立教师自我培训机制，通过自学自培不断提高完善。

（二）培养措施

高校"双师型"教师队伍建设的主要途径有培训与取证、联合开发、社会聘用、挂职锻炼、顶岗实习、校企合作、技能竞赛、以老带新等。转变观念，提高认识；终身学习，提高素质；加强培训，完善教师体系；校企结合，锤炼教师；注重培养，大力引进人才；建立激励机制，完善评价；完善"双师型"教师评价体系。

第一，"双师型"教师的培养必须紧密结合经济管理类专业实际。按照教育定位和专业目标确定"双师"标准；以专业技术职务资格证书为目标，岗位达标。真正的"双师型"教师，是从专业出发，明确"双师型"教师队伍的质量要求和社会需求。

第二，完善"双师型"教师队伍激励机制。除了依靠常规性的外化督促外，还应通过激励将提高"双师型"教师质量水平转化为其本人的内在需求。切实掌握"双师型"教师的主导需求，融合全局需求与教师需求，实行"自助式"激励计划，如在职深造，提升"双师型"高校教师的层次，设立特聘教授岗位，解决急需的高层次"双师"。应制定"双师型"教师的奖励政策，使"双师型"教师在晋升职称、出国培训、工资津贴等方面享有相对优厚的待遇，以保证"双师型"师资队伍的稳定。

第三，要对教师加强职业思想的教育和引导，使其从思想上重视职业技能的培训并积极主动投身于职业技能培训之中。加强制度建设，为"双师型"教师创造良好的成长环境。转变人才进口观，拓宽"双师型"教师队伍的来源渠道。制订科学的师资培养规划，促使其又好又快的成长。

第四，建立"双师型"教师资格认证制度，使"双师型"教师队伍建设科学化、规范化。要逐步实现教师能够从知识型向技术、技能型转变，努力做到既出人才又出成果、也出产品。可利用暑假等时间，安排教师到专业对口的企业，通过挂职顶岗、合作研发等多种形式强化实践技能，让有丰富实践经验和专业技能的教师负责一个实验或实训室。拓宽师资引进渠道，扩大兼职教师比例。要加大对高学历、高技能人才的引进力度。教育行政部门要根据高校的"双师型"教师的特殊性，尽快出台高校独立的教师职称评审标准，要把技能考核作为高校教师职称评审的主要指标，适当降低学术要求，真正体现高等职业教育对"双师型"教师的素质要求。

（三）继续教育

1. 继续教育的必要性分析

继续教育是社会发展、科技进步的必然要求，体现了终身教育的思想，是高校教育发展的迫切需要。终身教育理论认为，高校教师必须不断地学习，才能适应多变的社会。由于社会各个行业的变化和更新，需要对这个群体不断地进行培训，使他们自身的素质得到不断的提高，适应职业岗位的需求。教师专业化理论提出通过继续教育及菜单式的课程促进每个教师的专业化发展，使教师树立自我专业发展的意识。

教师同其他职业一样，是一种"学习"的职业，从业者在职业生涯中自始至终都要有机会定期更新和补充他们的知识、技巧和技能；学习型组织高校强调教师的自主性学习，建立自学习机制使学习与教师教学工作紧密结合起来。人的教育投资是提高人的知识和技能的投资，它是人的发展的投资，在人力资本投资的各种形式中，它是最重要的投资形式，其中继续教育是属于人力资本质量的投资，也是属于追加性人力资本投资。

2. 继续教育模式建构

（1）院校模式。是指以高校为基地，利用院校中的资源对"双师型"教师进行理论和研究为主的教育模式。其形式有学历教育和非学历教育，非学历教育包括课程进修、访问学者、项目合作等。还可通过广播、电视、网络等现代化的手段来实施远程教育。

（2）校本模式。它是指教师以所在院校为基地，以本校教师为对象，利用本校教育资源，以实际情景中经常性的问题和教学经验为主要学习内容的教育模式。它能够促进教师在岗学习，鼓励教师从事教育教学研究，充分利用教师现有的经验，改进教师的教学行为，而不是以理论研究和科学研究为主要内容的学习。

（3）教师中心模式。它是指依托专门的教师继续教育机构，旨在提高教师教学技能为主的继续教育模式。以普遍性的教学问题与典型案例为核心，讲授教学知识和相关的知识技能问题，以实践中产生的问题为基础，将形成的问题以集合模块的方式进行组合，进一步提炼出规律性的知识和经验。

（4）社区模式。以社区教育机构为依托，利用社区资源，对经济管理类专业"双师型"教师实施的针对相应岗位的实践能力的训练，提升将科技成果转化为生产力的能力、将产学研相结合的能力，增强社会参与能力和社会问题意识，丰富社会阅历的教育模式。

3. 后续教育措施

国家从政策上要高度重视，完善相应的政策法规建设，加强师资培训基地建设，构建高水平的高校"双师型"教师继续教育体系，如多渠道筹资加大师资基地建设的经费投入，确保继续教育所需经费。开展形式多样的"双师型"继续教育，如校本培训、依托普通高校、产学研相结合、组织教师参加国内外学术活动等。建立继续教育的信息反馈制度，如政府、"双师型"教师专门培训机构和高校要定期进行有关培训工作的研讨。

经济管理类专业"双师型"教师继续教育的内容应根据受训对象的不同而分别进行确定，一般包括创新职业教育理念、强化职业道德、提高学历层次、企业财经制度及相关知识、资本市场知识和金融知识、信息技术知识、企业相关知识和经济管理实务操作经验、典型案例分析等，应针对教师的不同情况与特点，开展培训需求调查，提供培训菜单或模块，供受训教师选择。

第三节　经济管理类课程教学质量的提升

一、经济管理类课程教学质量的提高意义

（一）促进教学方法的改革

随着高等教育的普及，使得越来越多的高考学生拥有更为广阔的选择空间，许多的高校招生数量也在逐年递增。从客观上来说，普通大专院校的生源质量相比于扩招之前有所下降，学生之间学习能力以及成绩的差距，使得高校教育质量的提升面临着一定的挑战。

高校应紧跟时代发展的步伐，提高原本的教学质量以及教育水平，积极转变教学思路，懂得经济管理类课程教学的实际目的。此外，高校应当培养学生的创新能力、实践能力以及理论基础知识，让他们成为综合素质水平过硬的人才。总之，提升经济管理类课程教学质量对于高校教学方法的改革有着促进的作用。

（二）提高学生核心竞争力

在如今激烈的市场竞争下，各大高校已成为培养人才的主要场所。国家所倡导的"2025 计划""一带一路"都呈现出对于高层次人才的强烈需求，这也为高校发展带来了一定的挑战以及机遇，使得高校教育更加普及化、大众化，高校招生也演变得越发激烈。

为了维护高校的正常运营以及长远发展，使所有在校学生能够获得最佳的教育，高校教师应承担起自己的育人职责，成为学生成长过程中的领路者。简单来说，高校教师的水平程度直接决定着教学质量，进而对学生的未来发展造成严重的影响。而提高经济管理类课程教学质量，能够使广大教师了解课堂教学重要性，将理论知识与实践操作相结合，进而让经济管理专业的学生更加符合时代发展的要求，提高他们的核心竞争能力，为其后续的就业以及发展打下良好基础。

（三）回归教学的本质属性

提高经济管理类课程教学的质量，不但能使教师的教学水平有所提升，还可以要学生掌握更多的学习技巧。为了达成这一目标，高校应当了解教学本身的属性。同时，随着新课程的全面改革，要求高校应将学生当作课堂教育的主体。而教师主要起到引导者以及辅导者的作用，并将这两个作用充分发挥出。若教师具备较强的教学经验，便可以充分发挥出"学"的内涵以及作用，理解学习的本质并不是为了应对考试，也不是为了通过考卷展现自己的成绩。学生毕业过后，社会直接考量学生的个人能力以及学习水平，给出最为中肯的评价。因此，在经济管理类课程教学中，不但要为学生讲解专业知识，还应当要学生知道知识来源于哪里，提高学生的应用能力以及解决问题的能力，学会融会贯通。

二、经济管理类课程教学质量的提升策略

（一）树立正确价值观，严格要求教师自身教学行为

对于经济管理类课程教学来说，教师的教学行为会受到教学价值观的支配。很多教师在教学价值观的认知上，还处于传递知识的层面，虽然很多教师已逐渐关注学生智力以及能力的发展，但是只在教学中做些许点缀，并没有加强培养学生的专业技能。因此，为了充分发挥出经济管理类课程的价值，教师应当了解此类课程对于学生发展的重要性，将课堂教学的内涵充分发掘，合理科学的设计教学内容，组织学生进行知识的学习，并积极开展评估工作。通过这样的形式，不仅能够调动出学生的学习积极性，还能够展现出教师自身的生命价值。

（二）积极转变教学理念，彰显学生学习主体地位

经济管理类课程教学若想从根本上提升教学质量，就应当引导教师积极转变教学理念，将培养学生的职业技能水平以及学习能力当作主要的教学目标。作为一名合格的经济管理类教师，需要积极转变原有的教学理念，强化学生的主体意识，并带领学生参加一些实践活动，提高学生整体的课堂参与度。同时，教师应转变学生被动听讲这一模式，是要深入挖掘教材外的学习知识，提高学生的探究能力以及发现能力。

（三）教师提高自身专业素养，保障课堂教学质量

素质对于高校教师教学活动的开展有着至关重要的影响。教师的素质主要体现在教学

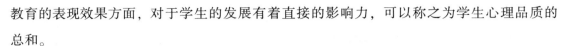

教育的表现效果方面，对于学生的发展有着直接的影响力，可以称之为学生心理品质的总和。

　　一名合格的高校教师应当拥有良好的思想道德修养、渊博的理论技能知识以及必要的学历学衔，经济管理专业教师也是如此。经济管理专业教师不仅要拥有管理学、经济学等方面的技能、技巧以及理论知识基础，还需要掌握教育学、政治学、心理学、数学等方面的内容，可以说是当代综合素质较强的复合型人才。目前，我国经济管理类教师的专业知识比较扎实，但缺乏一定的实践能力，高校应当让教师们克服自身的学习困难，逐渐完善自我，以此满足课堂教学以及教育改革的需要。

（四）积极改进教学方法，提高课堂教学质量

　　教师在开展经济管理类课堂教学时，不但要注重对于学生专业理论知识的培养，还需要提高学生的专业实践能力，使学生成为一名综合素质较强的人才。因此，教师要积极创新与改进经济管理类课程的内容以及教学手段，结合学生的实际需求以及兴趣爱好，合理的设置教学目标。目前，经济管理专业教师借鉴学习的教学手段十分丰富，并且每一种教学方法都拥有一定的应用效果，可以针对性地解决某一些教学问题，但不能够解决所有教学问题。因此，经济管理专业教师需要结合自身的教学实际需求，选择出最适合自己的教学手段。教师在选择课堂教学手段时，需重点关注以下方面的内容。

　　1. 提供自学的机会与相应指导

　　现如今，很多的经济管理类课程都存在着教学内容多、教学课时少这一矛盾现象，这也导致很多教师不能在规定时间内完成单元教学内容，从而对教学任务感到力不从心的情况。面对此种情况的出现，教师可以采取这样的方式，解决根据课程章节的教学重难点，提炼出一些重点类型题，并引导学生使用假期时间以及课下时间自主查找教材、翻阅资料、寻求问题的答案。而在课堂教学的过程中，教师只要为学生介绍章节框架便可，并将教学重心放到教学重难点的解析。通过这样的教学方法不但能够减少讲解书本知识的时间，还可以要教师完整的完成教学任务，使经济管理类教学氛围呈现出活跃轻松的状态。同时，通过这样的教学方法，能够让学生主动发现问题、提出问题以及回答问题，从根本上提高学生的创新思维能力。

　　2. 教师需要将实践活动与理论知识教学相结合

　　经济管理类课程教学的主要内容为理论知识教学以及实践活动的开展。它们二者既有着一定的差异，又处于相互贯通的状态。因此，教师在带领学生学习专业知识，培养学生

专业技能的过程中，需要将二者有机融合，进而发挥出最大的教学效果。教师在开展经济管理类课堂教学时，应当充分寻找出教材中有关实践教学的内容，并在其中添加案例分析。教师可以组织学生开展相关的专业实践活动，并利用专业理论知识解决实践活动中的问题，让理论与实践充分融合，从而叠加学生的知识与能力，让学生更为全面的掌握经济管理类专业知识，并懂得与经济管理相关的政策、方针以及法规，构建出更为完善的经济管理专业理论体系，使经济管理类课程教学质量得到提升。

（五）运用启发式讲授方法，现代教学手段辅助

从古至今，教师都是运用语言为学生讲述知识。启发式讲授方法强调的是教师在知识讲述的过程中需要引导学生运用自身思维进行表述，从而帮助学生获得举一反三的能力，发展学生的智能水平。启发式讲授方法可以让学生在较短时间内获取大量的信息，从而使学生的发现能力以及学习能力得到提升。启发式讲授方法十分适用在经济管理类教学中，特别能够满足经济管理类教学进度快、课时少、跨度大这一特点。

高校教师应当对此教学方法进行创新，将现代化教学手段与启发式讲授方法有机结合，并灵活运用多媒体、电子教学软件以及网络资源，构建出相关的教学情境以及问题情境，帮助学生自主学习，让学生自主观摩、分析所学知识，从而让课堂教学内容变得更加立体、生动、形象，打造出图文并茂、声像合一的经济管理类课程教学。

此外，教师需为学生提供充足的课堂学习时间，并增加教学的内容，让教学的形式更加丰富，进而从根本上提高教学质量。由于经济管理教学所涉及的内容十分广泛，若教师在寻找有关经济管理类多媒体资料十分困难时，便可以打破原有的专业限制，将其他学科的多媒体资料应用其中，并通过一系列的变迁拓展，将所找资料用在经济管理类课程教学中。

（六）合理选择教学内容，促进学生身心健康全面发展

教学内容作为经济管理类课程教学中的主要构成部分，是学生吸收知识的有力支撑。通过教学内容能够让学生获得各种各样的学习信息。教学内容不单单包含着教材中的知识，还涉及教师对于学术的独特见解，以及分析、解决问题的方法，同时还会体现教师的道德观念以及智慧风格，可以让学生从教学内容中获得知识、学习良好的道德品质。因此，教师在开展经济管理类课程教学时，应当根据学生的认知能力以及发展水平，合理科学的选择教学内容，由简入繁、由浅入深地展现教学内容，进而使经济管理类课程教学质量得到大幅度提升。

经济管理专业教师应具备较强的专业理论知识，并不断的学习完善自己，使自身的专业理论修养得到提升，进而满足教育发展的需要。经济管理专业教师应当了解学生的思想以及心理，从而获取到学生的真实想法，具有针对性地开展教学活动，让学生学有所获、学有所思、学有所得，促进学生身心健康全面发展。

参考文献

[1] 白喜本. 关于现代信息技术与经济管理学科教学整合的研究 [J]. 营销界，2020，
（50）：74~75.

[2] 陈国宏，张白. 经济管理教学创新与实践 [M]. 厦门：厦门大学出版社，2011.

[3] 陈铭. 经济管理教学中校企合作模式路径选择分析 [J]. 质量与市场，2022（18）：
142~144.

[4] 程艳冉，楼智慧. 经济管理教学中校企合作模式路径选择：评《新时代经济管理创新
研究》[J]. 中国教育学刊，2021（12）：118.

[5] 单小珂. 经济管理类人才培养策略研究 [J]. 环渤海经济瞭望，2021（02）：136~
137.

[6] 段艳，陆吉康. 地方应用型本科院校经济管理类专业实践教学活动质量监控刻不容缓
[J]. 高教学刊，2018（21）：1.

[7] 关钧元，罗晓宇. 经济管理类专业教育模式探析：以创业就业为导向 [J]. 黑龙江科
学，2020，11（09）：28~29.

[8] 韩庆艳，张广龙，黄甜. 基于遗传层次分析法的"双师型"教师实践能力评价 [J].
黑龙江科技信息，2011（07）：198+220.

[9] 惠宏伟，刘光军. 大学生经济与管理素质教育理论与实务 [M]. 成都：西南财经大
学出版社，2016.

[10] 纪金莲. 非会计专业会计学实践教学中加强学生素质教育研究 [J]. 会计师，2009
（09）：31~32.

[11] 贾国柱，张人千. 经济管理概 [M]. 3 版. 北京：机械工业出版社，2021.

[12] 靳东，张宁，吕国利. 基于 OBE 理念的应用型本科高校财务管理专业"数智化"课
程体系构建研究 [J]. 中国管理信息化，2023，26（01）：228~231.

[13] 康银瑞. 浅谈以就业为导向的高校经济管理专业教学体系的优化措施 [J]. 兰州职

业技术学院学报，2021，37（05）：101~102+107.

[14] 雷宏振. 经济与管理教学创新研究在线教学创新专辑 [M]. 陕西师范大学出版总社，2020.

[15] 林卓欣. 经济管理专业女大学生就业形势分析 [J]. 中阿科技论坛（中英文），2020（09）：144~147.

[16] 刘剑锋，裴晓勇，马前. 行动学习：应用型本科院校"双师型"教师培养探析 [J]. 经济研究导刊，2022（15）：144~146.

[17] 刘姝，宁文宇，周火梅. 新时代背景下经济管理人才培养对策 [J]. 营销界，2023（09）：113~115.

[18] 陆闻艳. 做好科研企业经济活动分析 [J]. 化工管理，2022（13）：24.

[19] 罗霖. 基于云计算技术的高校经济管理教学平台建设研究 [J]. 中国信息化，2023（06）：100~101.

[20] 马前，裴晓勇，刘剑锋. "双师型"教师专业发展研究述评及提升策略 [J]. 西部素质教育，2023，9（02）：106~109.

[21] 马小洪，张林园. 大学生素质训练 [M]. 北京：北京理工大学出版社，2020.

[22] 秦佳. 新常态形势下提升经济管理教学水平的策略 [J]. 农村经济与科技，2018，29（02）：286.

[23] 邱锐. 经济管理教学中校企合作模式的路径选择策略 [J]. 大学，2020（24）：43~44.

[24] 邱韶昌. 谈案例教学方法在经济管理教学中的应用 [J]. 才智，2017（21）：21.

[25] 曲平波. 提升高校学生就业实践能力的对策研究：以经济管理专业为例 [J]. 中国商论，2018（08）：149~150.

[26] 沈伟民. 地方本科高校"双师型"教师培养机制创新：评《新时代地方本科院校"双师型"教师队伍建设研究》[J]. 热带作物学报，2021，42（06）：1897.

[27] 石瑾. 《基础会计学》"教、学、做"一体化教学模式改革与实践：以常熟理工学院经济与金融专业为例 [J]. 常熟理工学院学报，2016，30（06）：99.

[28] 史修文. 慕课教学在高校经济管理专业中的应用分析 [J]. 质量与市场，2021（18）：67~69.

[29] 宋妍. 基于通识教育的经济学课程教学改革研究 [J]. 教育与教学研究，2015，29（11）：80.

[30] 锁要红，张仲华，李少华，等. 高校教学科研互动、科研反哺教学探讨 [J]. 科技

展望，2014（17）：70.

[31] 田华. 高校经济管理专业人才培养模式创新研究 [J]. 商讯，2022（10）：191~194.

[32] 王维国，徐健，盖印. 经管类专业课程体系数智化升级与教学方法创新 [J]. 中国大学教学，2022（03）：31~36.

[33] 王云齐. 高职院校精品在线开放课程的建设与实践：以内部控制与风险管理课程为例 [J]. 会计师，2022（10）：95~97.

[34] 韦克俭. 经济管理专业本科教育教学改革与创新 [M]. 北京：人民日报出版社，2019.

[35] 吴雪，胡发刚，邓琪. 任务驱动教学法在营销专业实践能力培养中的应用研究 [J]. 长沙大学学报，2013，27（04）：145.

[36] 吴元波. 经济管理 [M]. 上海：文汇出版社，2007.

[37] 郗永勤，赵宏伟. 精品课程《政府经济管理》教学改革探究 [J]. 科教导刊（中旬刊），2010（18）：70~72.

[38] 徐蕾. 高校经济管理实验教学的发展瓶颈及改进思考 [J]. 环渤海经济瞭望，2019（09）：200.

[39] 徐民华. 高校经济管理学院教学管理工作探索 [J]. 经贸实践，2016（20）：149.

[40] 朱伏平，杨方燕. 经济管理 [M]. 成都：西南交通大学出版社，2018.

[41] 袁海玉. 经济管理教学中校企合作模式路径选择探讨 [J]. 教育现代化，2020，7（02）：131~132.

[42] 袁静. 试论大学生经济管理素质的培养 [J]. 东方企业文化，2012（15）：263.

[43] 张三新. 经济管理专业开放性实验教学探索 [J]. 科教导刊（上旬刊），2014（03）：119~120.

[44] 郑旭煦. 经济管理实验教学探索与实践 [M]. 成都：西南交通大学出版社，2010.

[45] 周绪萍. 如何加强大学生经济管理素质的培养 [J]. 佳木斯教育学院学报，2013（08）：201~202.

[46] 周云云. 经济管理专业课程教学中行动导向法的应用 [J]. 才智，2015（28）：9.